サッカー

前橋育英高校式メニュー

多彩な攻撃を操るスキルを磨く

山田耕介 　前橋育英高校サッカー部監督

JN083460

はじめに

サッカーは、日々進化を続けています。私たちが選手だった昭和の時代から比べれば、今のサッカーは技術、戦術ともに隔世の感があります。戦い方に関しても、ダイレクトプレーやポゼッションというような、いわゆる「決め打ち」のパターンではなく、今では常時、試合の流れを把握してプレーを変えられる状況判断とそれに伴うスキルが必要です。また、インテンシティーと呼ばれるプレー強度の高さも求められます。

高校年代のサッカーも、トーナメント戦しかなかった以前とは異なり、現在ではリーグ戦が主軸になっています。公式戦が増え、試合ごとに課題が出て、次の相手の対策があって、その内容が練習に反映されるようになってきました。

本書は、実際に前橋育英高校で行った練習内

容をまとめたものです。本校の練習メニューは、公式戦（リーグ戦）の内容を元に考えています。試合の分析を行い、課題を解決するためにどのようなテーマの練習が必要なのかを考え、コーチにメニューをつくってもらい、検討や修正を経て実施に移るという流れです。

　書籍ではテーマごとに1日の実施例を紹介していますが、それぞれのチームによって選手の状況は異なるはずです。年齢やレベル、練習環境、チームスタイルの違いにより、それぞれに適したメニューを組む必要があるでしょう。例えば、選手が小学生であれば、プレー中に見る

べき人数は減らして、把握しやすい状況を設定するべきです。中学生、高校生になるにつれ、グリッドを広く、人数を多くして、同じトレーニングでも見るものを増やしていけばよいでしょう。

　本書で紹介しているメニューが、チームの状況に応じてアレンジされる中で、より多くの方の参考になれば幸いです。

2024年2月
前橋育英高校サッカー部監督
山田耕介

C O N T E N T S

第1章 ボール保持

第4章　サイド攻撃

第5章　崩し&フィニッシュ

第6章　守備

本書の使い方

本書では、図版や写真、アイコンを用いて、各メニューをわかりやすく解説しています。図版と「やり方」だけではなく、下記のアイコンや説明の意図を理解し、どのように取り組めば効果的なのか、どこに注意すればいいかなどを考えながら行ってください。

テーマ

テーマごとに１日に行う４つのメニュー（ウォーミングアップ→トレーニング１→トレーニング２→ゲーム）を基本的に紹介しています。「ウォーミングアップ①、②」のように丸数字の表記の場合は２つを連続して行う、「ウォーミングアップ（１メニュー目）（２メニュー目）」の場合は、チームの状況により適したものを１つ行うことが望ましいです。

目的

どうしてこの練習を行うのか、それぞれのメニューの明確な目的を記しています。

キーファクター

練習を進めるためのカギとなる要素を記しています。

練習を行う上での大事なポイントを解説しています。

練習をより効果的に、実戦的に行うためのアドバイスです。

図版の凡例

◐ … 選手

◈ … サーバー、ターゲット、
コーチなど

← … ボールの動き

←------ … 人の動き

←〜〜 … ドリブル

▲ … コーン

● … マーカー

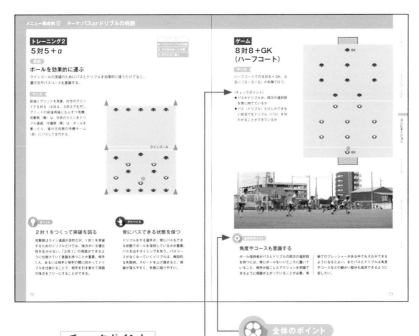

チェックポイント

ゲームを行う際、指導者がチェックしておきたいポイントです。

全体のポイント

ウォーミングアップからゲームまでを通して、テーマに関して意識したいポイントです。

そのほかのアイコン

アレンジ

掲載した練習法のやり方を変えた形を紹介するものです。

ピックアップ

練習内の動きやプレーについて写真などで紹介するものです。

前橋育英のトレーニングとは？

不変の「スタイル」を求めて

　前橋育英高校サッカー部が常々意識しているのは、きちんとパスをつなぐ攻撃と、連動した守備、そして、ボールを奪われた瞬間の攻守の切り替えの速さです。これらを実現するために、コンパクトなラインを保ちながら全員が関わってプレーすることを目指しています。年によって選手の特徴があるので多少は変わりますが、基本的にずっと変わらないコンセプトとして大切にしています。

　DF、MF、FWの3ラインが間延びすると、スペースがたくさんできてしまいます。そうなれば、自分たちよりも能力の高い選手が集まっているチームには、力を存分に発揮されてしまい、太刀打ちできません。みんなでカバーしながら戦い、その上に個人の力が加われば、すごくよいチームに仕上がると考えています。

　変わらないコンセプトを追求しながら、時代の変化や個人の特徴に応じて、選手1人ひとりに向き合う。そして、選手たちの心・技・体を刺激し、それぞれが大きく成長してほしいと願いながら指導にあたっています。

練習は4つのパートで実施

　選手を育てるためには、心・技・体のすべてを伸ばさなくてはなりません。本書はトレーニングメニューを紹介しているので、まず「技」の話をすると、本校のトレーニングは、ウォーミングアップを行い、トレーニング1、トレーニング2と続いて、ゲームで終わります。トレーニング1からゲームへと、少しずつ人数を増やしていくイメージです（表1）。

　実際の試合では、広いピッチに多くの味方と相手が混在し、常に的確な状況把握をすることは難しくなります。そこで、試合の局面

©T.Hirano

山田耕介監督が長年実践する指導コンセプトを、心・技・体に分けて聞いた。前編では、「技」について紹介する（後編の「体」「心」はP162から）。

や事象を切り取り、トレーニングのテーマを毎日設定しています。

4つのパートに分けることによって、テーマに関して順を追ってゲームに近づけることが大きなメリットです。トレーニング1では少人数で行うので、選手は判断するものが少なくて済み、比較的簡単に目的を達成できます。そこからトレーニング2で人数が増え、見るものや判断する材料が増えて、より複雑になります。その流れで最後に行うゲームが

表1　前橋育英高校サッカー部　1日の練習のイメージ

1日の練習時間：約120分

①ウォーミングアップ（約20分）
トレーニング1、2で多く出てきそうな現象や動きをピックアップする

②トレーニング1（約20〜25分）
比較的少人数で実施。テーマのベースとなるものを落とし込む

③トレーニング2（約30〜40分）
トレーニング1よりも人数を増やして実施。トレーニング1の応用

④ゲーム（残りの時間）
テーマに基づいて①〜③でやってきたものを試合の中で発揮する

ゲームで目指すプレーから逆算して、積み上げていくイメージ

- 「テーマを踏まえて、どういうゲームをしたいか」というところから逆算し、そのゴールに向けて、ウォーミングアップ→トレーニング1→トレーニング2と積み上げていくイメージ
- それぞれの時間は目安。ウォーミングアップは季節や選手のコンディションによっても変化するのと、日によってはトレーニグ2よりもトレーニング1のほうに時間を割くこともある
- 毎日のテーマは、前の試合の内容やあとの試合での対策などと紐づけて設定する

楽にできるようになればよいと考えています。試合の状況に徐々に近づけることで、切り取った局面や事象がどういった場面で出てくるのかを知り、その上でトレーニングした内容を発揮できるようにメニューを組み立てています。

試合を基にテーマを決める

　毎日のテーマについては、試合期に入れば、前の週に行った試合とこれから行う試合を紐づけて設定しています。表2には、本書で紹介しているもの以外のテーマ例を挙げました。

　2003年に今の高円宮杯JFA U−18サッカープレミアリーグの前身にあたるJFAプリンスリーグU−18が始まりましたが、リーグ戦を戦うようになってからは、特に前の試合の課題解決と次の試合の想定練習のサイクルが定着しました。それによって、より具体的かつ実戦的なテーマを設定することができますし、選手たちも自分の課題を認めて向き合えると感じています。

　プレシーズンのテーマについては、「個」にフォーカスしたものが多いです。全体としてのボトムアップを図るためにも、「個」に戻って取り組みます。個人戦術としての「オフザボールの動き」「クロスボールに対する守備」といったものを全員が行い、そこから人数を少しずつ増やして、グループで行うようにしています。

金曜日に仕上げるイメージで

　1週間の流れについては、表3のような流れが基本です。火曜日のランニングは1000mを10本行っています。1000mのペースは3分30秒もしくは3分40秒で、選手によって変わります。そして水曜日から金曜

表2　トレーニングのテーマ例

- ゴール前のスペースがない中での攻撃
- センターフォワードを使いながらのサイドチェンジ
- ゴール前のコンビネーション
- サイドチェンジを意識した攻撃
- カウンターへの対応
- 連続性のある守備
- 背後へのボールの対応
- 同サイドに強い守備
- セカンドボールへの対応
- 攻守におけるオフザボールの動き
- 攻守の切り替え
- ゴール前の攻防

日まで、週のテーマに沿ってトレーニング。週末の試合で目指すプレーに向けて段階的にレベルアップを図り、最後の金曜日にまとめます。水曜日に負荷が高いものを行ってそのあと尻すぼみにならないように、また選手が飽きてしまうので3日間同じようなものにならないように注意しながら実施しています。

それと並行して、試合の映像もトレーニングに生かしています。スタッフは月、火曜日に前の試合の映像を確認し、水、木曜日に次に対戦する相手の映像を見て、振り返りや対策を練習内容に盛り込みます。選手には、水曜日に前の試合の映像を、金曜日に次の相手の映像を見せています。映像には、気になった点などを簡単なテキストにして差し込んでいます。

これは昔にはなかった指導方法で、映像を編集するのに時間はかかります。ただし、指

表3　前橋育英高校サッカー部　1週間の練習のイメージ（日曜日が試合の場合）

月曜日	火曜日	水曜日	木曜日	金曜日	土曜日	日曜日
OFF	ランニング	テーマに沿った練習	テーマに沿った練習	テーマに沿った練習	1週間の確認	試合
	1000m×10本	W-up TR 1 TR 2 ゲーム	W-up TR 1 TR 2 ゲーム	W-up TR 1 TR 2 ゲーム	W-up、1週間の確認作業、ミニゲームなど	公式戦など

金曜日のゲームで日曜日に目指すものに仕上げるイメージ

W-up：ウォーミングアップ、TR：トレーニング

通常練習は基本的に水曜日から金曜日の3日間。週末の試合でどういうプレーを目指すか、というところから逆算し、金曜日のゲームで仕上げるように、水曜日から積み上げていく（例えば、水曜日のTR 2で取り組んだ内容が木曜日のTR 1で発揮できるようにレベルアップを図る）。1日ごとの積み上げと、1週間の積み上げを意識する。

導者の主観ではなく映像に映し出されている事象なので、選手も受け止めざるを得ない部分が多く、課題解決への意識がより高まるようです。

選手自身が気づける働きかけ

練習メニューについては、それぞれグリッド（範囲）を設定しています。各メニューのグリッドには「このプレーをするときに、このくらいの範囲は把握してプレーを判断しましょう」という意味合いがあります。

目の前のボールや相手1人だけの動きしか見ていないようでは、試合の中で効果的なプレーを意図的に行うことは難しいでしょう。偶然うまくいったか、うまくいかなかったかの繰り返しになり、常にそのプレーを実践することにはつながりません。プレーが成功したかどうかだけでなく、どこまで状況を把握した上で選択したプレーだったのか、指導者が確認したり、指摘したりする必要があるでしょう。

紹介するメニューには目安となるグリッドの距離も示していますが、これらはチームに合わせて変更したほうがよいでしょう。選手同士の理想の距離感やプレッシャーの強度などはチームによって変わるはずです。チームが求めるものに応じたオーガナイズを設定することが、よいトレーニングの第一歩だと思います。

また、各メニューには「キーファクター」として意識したい内容を挙げています。練習の中で、選手がこのキーファクターに気づくことが大切だと考えています。指導する側はもちろん頭に入れて臨みますが、選手に説明しないで始めることもあります。自分自身で考えてもらいたいからです。

選手のプレーを修正する際に、ついついキーファクターを教えてしまうこともあるかもしれませんが、本当は選手が自分で考えて気づくのが理想です。指導者のこうした意識の持ち方も、よいトレーニングには欠かせないと考えています。

第1章

ボール保持

攻撃を得点につなげるために重要なのは、
自分たちが意図的に攻撃を仕掛けること。
そのために、チームとして
ボールを保持できるようになろう。

状況の認知とボールを失わない技術

２つのキーファクター

高校サッカーに限らず、昔は前方にボールを蹴り込んで相手ゴールに近づいていくスタイルが、日本では多く採用されていました。しかし、個々の技術が高まった今では、ボールを保持して意図的に攻撃を組み立てるサッカーが主流といってよいでしょう。

攻撃を組み立てるためには、まず状況の認知が必要です。状況の認知のためのカギとなるのは「視野の確保」です（図１、２）。また、「視線を落とさない、首を振る、相手を見る、状況を見る」といったフレーズは現場でもよく聞かれると思います。

ただし、「左に味方が１人いる」といった程度の認知では役立ちません。状況の認知は、現在の位置関係を把握するだけではなく、味方、相手、スペースを見て、次にどうなるかということがイメージできて、初めて役に立ちます。

もう１つ重要なのが、当たり前といえば当たり前ですが、ボールを失わないことです。ボールを失ってしまえば、攻撃はできません。ボールを失わないためには、状況に応じてボールを扱うこと、ボールを持つことが必要です。

瞬時に選択を変えられるか

先ほど、「イメージ」という言葉が出てきましたが、攻略のイメージを持った中で、味方とタイミングが合わなかったり、相手から厳しいプレッシャーを受けたりして、イメー

ジした攻撃ができなくなったときには、プレーの選択を変えなければいけません。

その点では本章はもちろん、どの練習メニューでも「瞬時に選択を変えられるボールの持ち方ができているか」という点は、注意

してほしいです。ドリブルしかできないボールの持ち方になっていないか、一方のサイドにしかパスが出せない持ち方になっていないか、視線が下がった持ち方になっていないか、常に注意が必要です。

「ボール保持」
に関する主なキーワード

①状況の認知…視野を確保する、相手など状況をよく見る

後方からの味方のパスを受ける

◉ 図1 前方を向いて（視野を確保して）ボールを受けることで状況を把握できる

❌ 図2 後方を向いたままボールを受けてしまい、状況が把握できない

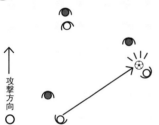

↑
攻撃方向

②状況に応じたボールの持ち方…選択肢をできるだけ多く持てるようにする

右サイドで中央からのパスを受ける

◉ 図3 左足アウトサイド近くに置くと、中央と縦へのプレー方向を確保でき、相手は的が絞りづらい

❌ 図4 右足の外側に置くと、プレー方向が縦のみに限定され、相手は対応しやすくなる

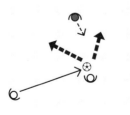

タッチライン

↑
攻撃方向

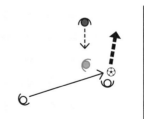

分かりやすい例を挙げるなら、右利きの選手は、左足アウトサイドの位置にボールを置いたほうがよい状況で、それができないケースが多いです。

右のタッチライン際でパスを受ける際、右足でボールを持つと、相手は中央へのパスコースを切りながら追い込むことが可能になります。しかし、左足のアウトサイドでボールを持てば、逆サイドや中央へのパスが可能になりますし、ドリブルでも左（中央）方向へ進むことができます（図3、4）。

視野を確保した上で、なるべく選択肢を多く持っていられるボールの持ち方を意識することは、ポゼッションスタイルには不可欠です。

タイミングを合わせる技術

ボールの持ち方は、選択肢を多く持つためだけでなく、味方とプレーのタイミングを合わせやすくするためにも重要なポイントになります。自分と相手、スペースと味方の関係性を把握し、プレーするタイミングを計れるようにならなければいけません。タイミングは、トレーニングメニューの図解では伝わりにくい部分ですが、非常に重要です。

ある地点から別の地点へ走り込むにしても、タイミングによってプレーの成功率や効果は変わります。味方がパスを出せるタイミングで走り出しているか、相手が動き出すタイミングで逆を突けるかが大事です。

「ボールを持って、視線を上げて、味方を見て、動き出すのを確認して、パスを出すのでは、時間がかかるだけでなく、相手に予測されやすくなる」

　プレーを成功させるためには、タイミングを幅広く持てるかどうかが重要です。いつでもパスやドリブルができるようにボールを持つ、いつでも走り出せる体の向きをつくっておくといった工夫によって、タイミングを合わせやすくなります。単にコーンドリブルなどでボールを自在に扱えるだけでなく、状況を把握し、タイミングを合わせられることが、試合に勝つために必要なボールコントロールや技術といえます。

　先ほど、右利きの選手が左足の外側にボールを置くのが苦手なケースが多いという話をしました。まず、得意の右足で持つ、それから中央の仲間を見て、動き出すのを確認して、左足に持ち替えてパスを出していたら、その間に相手が動いてしまいます。自分がパスを出すことも、味方がパスを受けることも難度が高くなります。タイミングを生かしやすいボールの持ち方には、常に注意を払ってほしいです。

　特に、縦パスで起こりがちなミスもあります。ボールを持って、視線を上げて、味方を見て、動き出すのを確認して、パスをようやく出すというプレーです。時間がかかってしまうだけでなく、相手に予測されやすく、インターセプトをされる確率が高くなってしまいます。視線が下がった状態でのボールの持ち方になると、味方の動きを生かすことができなくなり、こうしたプレーが起こりやすくなります。

　また、当然ですが、タイミングを合わせやすくするための準備が重要なのは、ボールを持つ選手に限った話ではありません。味方のボールの持ち方、相手の立ち位置を見て、効果的に関わることができる位置を探して動かなければなりません。練習ではボール保持者だけでなく、それ以外の選手の動きも指導者は常に注視する必要があります。

　練習では、「後方からの前進」「レーンを変える」といったグループでのボールの動かし方をテーマに据えて取り組んでいます。

テーマ:
後方からの前進

ウォーミングアップ
パス＆コントロール

目的
距離感やタイミングを合わせる

相手にプレッシングの的を絞らせな
いための実戦的なパス＆コントロー
ルを繰り返し、お互いの距離感やタ
イミングの取り方を合わせる。

やり方

A からのパスを受けた B はターンを
して、C とのブラッシングから D へ
パス。D はタイミングよくコーンの前
に出てパスを受け、C へ落としのパス
（デカラ）。D がリターンを受けて E
へパス。E は最初コーン（X）の位置
にいて、C と D のパス交換の間に自
分の前にスペースを空けるように動き、
D とタイミングを合わせてパスを前向
きで受けてスタート位置までドリブル。
各選手、プレー後は 1 つ先の位置に入
る。時間で区切り、逆回りも行う。

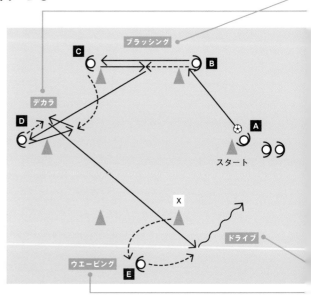

ポイント

ピッチ上での位置をイメージ

それぞれがピッチ上での位置を想定する。
図版は横にボールが動いているが、A か
ら B はサイドへの展開を想定。B から
D はくさびのパス。D はポストプレー。
D から E は突破を促す縦パス。E のド
リブルはスペースへの鋭い侵入。相手選
手が存在しないため、味方をしっかりと
見てパスやランニングのタイミングを合
わせることを重視する。

ブラッシング

パスを出した選手が、パスを出した方向に動いてリターンパスを受ける、
一連のパス交換のこと

Aからのパスを
受けたBが前を
向き、Cにパス。
Cからのリター
ンを受けてDに
パスを出す場面

デカラ

相手ゴールを背にしてパスを受けたときに前を向いている、
より体勢のよい味方にパスを出すこと

Bからのパスを
受けたDがCに
落とし、Cから
のリターンをD
がEにパスを出
す場面

ウエービング

個人でディフェンスラインの背後を狙いながら、
ゴールに向かって侵入するコースをつくる

写真はXのコー
ンの手前で受け
ているが、奥で
受けてもOK。
ジェスチャーな
どで受け手と意
思疎通を図る

ドライブ

スペースや相手守備者
の間にボールを運んで
前進したり、相手を引
きつけてパスコースを
つくること

アドバイス

ボール2つでテンポアップ

8〜10人でボール2つにすると、スタート位置までボールが戻るのを待
たずに次のボールを始められるので、選手のレストタイムを省くことがで
き、ウォーミングアップに適した負荷となる。小学生であれば、ブラッシ
ングのみ、ウエービングのみなど、1つの要素を連続して行ってもよい。

「ブラッシング」を活用する

ポジションやエリアにかかわらず、ブラッシングを実践する場面は多い。イメージしやすいのが、サイドチェンジ前のパス交換だろう。

図と写真のように左DFから中央MFにパスを出した場合、スムーズにターンできれば右MFへサイドチェンジできるが、相手はターンさせないようにコースを切ってくる。そのため、ボールをリターンして相手が切っているコースからずらし、近づいた左DFがサイドチェンジのパスを出すと局面が打開できる。相手からすれば、ボールを動かされながら局面を変えられるので防ぎにくい。

▼サイドチェンジのときのブラッシング例

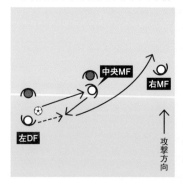

▼サイドチェンジのときのブラッシング例

トレーニング1（1メニュー目）
4対3（コーン間の通過）

キーファクター
▶ いかにして
　相手を集めるか
▶ いつボールを離すか
▶ 相手3人の状況を
　把握する

目的

相手の狙いを把握して前進する

相手が3人の状況でどんな狙いを持って守っているのかを把握して、プレーを判断する。意図して相手を片方のエリアに集め、逆のエリアを使うなどして、ボールを保持しながら前進する。

やり方

縦15ｍ×横40ｍのグリッドをつくり、長辺の片側に4つのゲートを設置。攻撃4人、守備3人。攻撃はゲートのドリブル通過を目指す。最初からスルーパスで走り抜けるのは禁止。守備はボールを奪ったら逆サイドの長辺をラインゴールとしてドリブル通過を目指す。

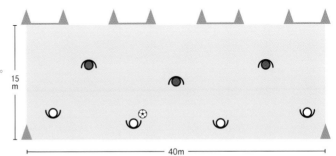

 ### アドバイス

相手の出方によって攻め方は変わる

相手の守備者が等間隔なら引きつけ、1つ飛ばすパスで大外を使う（図A）。相手の間隔が広がった場所があればドリブル（図B）。相手のプレッシャーの意図を、突破の前のパス回しで外すようにする。また、自分がボールを持ったときは「相手が自分に寄るタイミング」で離すことが重要。

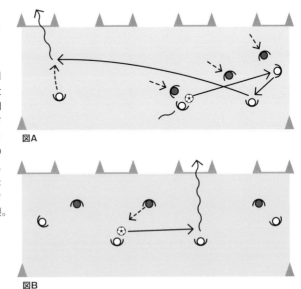

図A

図B

相手の間にゲートがある意識

「相手が横に3人並べば、破れるスペースは4つ存在する」ことを理解するために4つのゲートを設置している。ゲートの位置は便宜的なものであり、実際は相手だけを見て、タッチラインと相手の間、あるいは相手同士の間を抜けて、その先にゲートがあるという意識を促す。小学生の場合は3対2（ゲートは3つ）で行う（図）。

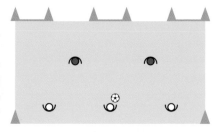

トレーニング1（2メニュー目）〈上級向け〉
4対4

目的

攻守同数で前進を図る

トレーニング1から守備側の人数を増やす。難度は上がるが、パスによる通過も可能になり、より実戦的な感覚を養う。

やり方

縦15m × 横52.5mのグリッド内で4対4。長辺の片側中央に2つのミニゴール、両サイドにコーンによるゲートを設置。攻撃側はミニゴールへのパスインか、ゲートのドリブル通過を目指す。

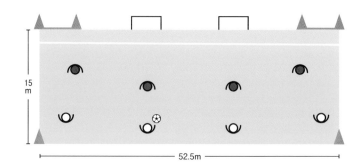

ポイント

「中央のパス」を基にした駆け引き

守備側には、中央のパスコースを消す意識を持って攻撃側との距離を縮める意識が生まれる。攻撃側はドリブルで守備者を引きつけてパスで突破するか、パスを警戒させてドリブル突破につなげるか、状況に応じた判断とスキルが求められる。

トレーニング2
８対８＋２サーバー

目的

より実戦に近づける

トレーニング１を、さらに実戦に近い８人同士で行う。
トレーニング１の応用。

やり方

縦 30m × 横 52.5m のグリッド
内で８対８。攻撃側はトレーニ
ング１の２メニュー目に続き、
中央２つのミニゴールへのパ
スイン、または両サイドのゲー
トのドリブル通過を目指す。後
方のサーバーを使ってもよい。
また、中央のラインをドリブル
通過、あるいはパスで突破した
ら、後方のエリアから前方エリ
アに１人入ってよい（５対４に
なる）。

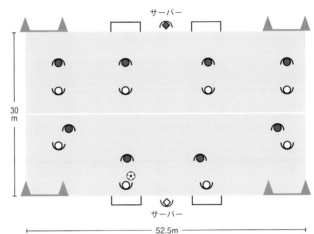

ポイント

守備では相手の「前進」を阻む

前方エリアの守備（図では黒チームが守備）
は、相手が中央のラインを越えて次のエリ
アに進もうとする縦パスおよびドリブル通
過を警戒しながらボール奪取を狙う。

アドバイス

慣れたら通常のゴールを使用

ポジショニングとプレーのタイミングが重要。
慣れたら同じグリッドで通常サイズのゴール
１つずつの設定に変更し、GK をつけてミニ
ゲームを行う。

25

ゲーム

11対11（フルコート）

やり方

正規のフィールドで 11 対 11 を行う。最初の 10 分はボールがアウトしたらすべて GK から再開し、テーマに取り組む機会を増やすとよい。そのあとは通常のゲームを行う。

〈チェックポイント〉
● 相手の立ち位置を見て、パスやドリブルを選択しているか
● 全体の重心が後ろになりすぎていないか
● 選手同士の距離感は適切か
● 相手が嫌がるような立ち位置やパスコースを狙えているか

 全体のポイント

ボール保持者の選択に周囲が反応する

相手のプレッシャーを受けないようにボールを進めていくことがまずは大切。そのために、どんな手段を使うのか。パスなのか、ボールを持ち出すのか、ワンプレーごとに周囲が反応する必要がある。「あの選手が 1 つ持ち出したから、自分が動いて相手の意識を向けさせてパスコースをつくってあげよう」といったことまで考えられるとなおよい。

テーマ:
ボールの循環とタイミング

ウォーミングアップ①
ボールワーク

目的

逆サイドへ動かすイメージづくり

最終ラインでボールを動かして逆サイドへつなぐイメージを共有する。

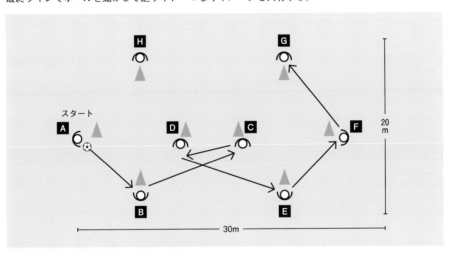

やり方

4バック＋2ボランチの並び
をイメージして、図の通りに
パス回しを行う。センター
バックからは遠いほうのボラ
ンチに斜めにパスを出し、隣
のボランチが少し下がって中
盤中央でのパス交換からバッ
クパスを介して逆サイドへ展
開する。Fが受けたあとはG
とHをセンターバックとし
て続ける。

精度にこだわる

相手がいない練習では、人の位置を見るよりも、プレーの精度
が重要。DF役の4人へのパスは、遠いほうの足へ正確に出す。

チームごとの「並び」でOK

「4－4－2」のフォーメーションが多いためこの形だが、そ
れぞれのチームスタイルに合わせたフォーメーションでイメー
ジづくりを行うようにする。

ウォーミングアップ②
４対４＋２サーバー

目的

スペースをつくる＆使う

ボールを動かす中でスペースをつくり、そのスペースを使う動きを繰り返して身につける。

やり方

長方形グリッドの短辺にサーバーを置き、4対4。後方のサーバーからパスを受け、前方のサーバーへボールを渡すことを目指す。

ポイント

スペースを「パズル」のように

「スペースをつくる、使う」の例

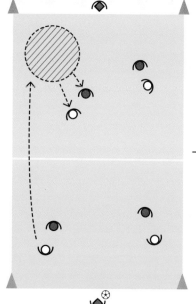

4人はモビリティー重視

人数を「5人」にして行った場合、最初からグリッドの中央に人が入ることになり、立ち位置がある程度決まるため、1対1の駆け引きの中で角度をつくってパス交換をする形になる。

チームとしてモビリティーを重視するスタイルの場合は、「4人」の設定で中央のスペースへの出入りによって四隅にスペースが生まれることを意識させる。

攻撃側はグリッド内の「四隅と中央」の5つのスペースを意識する。攻守ともに人数は4人で、必ずどこかのスペースが空いていることになるため、「パズル」のようにとらえるとよい。

「空いているスペースに動いてパスを受ける」ことと「相手がついてきたら、その動きによって空いたスペースをほかの味方が使う」ことを繰り返し実践する。

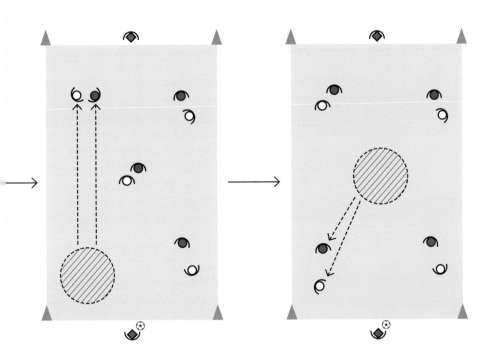

同時に2人が入らないように

空いたスペースに入るのは基本的には1人。ボールが動いている中で、どこにスペースが空き、そのスペースに誰が入りそうか（誰が入るとより効果的か）といったところまで考えられるとよい。

トレーニング1
2対2＋3対3＋2対2

目的

空いたスペースを的確に使う

目標とする進行方向を意識しながら、相手の動きを見て、空いたスペースを
活用してボールの進路をつくり出す。相手のプレッシャーを回避しながら
ボールを循環させ、突破する。

やり方

グリッドを縦に3分割する。両サイドは2対2
でラインゴールを設置。中央は3対3でミニゴー
ルを設置してスタート。攻撃側は基本的に自分の
グリッド内でプレーするが、パスを受けるタイミ
ングなどでは1人だけグリッドを移動してもよい。

守備者は自由に動いてOK。ゲーム性を持たせた
いときは、「中央ゴール2点、ラインゴール1点」
の設定にして、設定得点をどちらかが取れるまで
行う。最後は3分割のセパレートをなくして7対
7を行う。

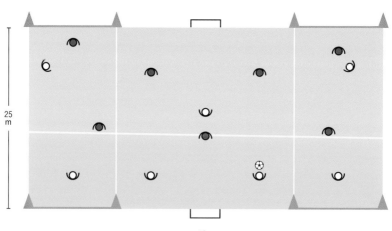

25
m

40m

アドバイス

サイドの選手は狙いを持つ

サイドの高い位置にいる選手に判断ミスが起き
やすい。狙いを持たずに漫然とパスを受けにい
くとリターンパスしかできなくなり、相手に追
い込まれやすい。ゾーンのセパレートによる同

サイドの2人は役割や連係を明確にし、前に
いる選手が外か内、前か後ろのどちらに動くか
によって、後ろの選手は空いたスペースへの侵
入を狙う。

ポイント

前方の選手がうまくパスを引き出す

攻撃側は、グリッドの手前にいる相手選手の間をパスで突破し、前にいる味方の3人にボールを渡すことを意識する。前の3人は相手選手の間からミニゴールへのパスインを狙う役割を持って、後方からのパスを引き出す。ラインゴールは相手が完全に中央に寄ったときの突破口とする。基本的にはミニゴールへのパスインを狙う。

ミニゴールへのパスイン、ラインゴール突破の成功例

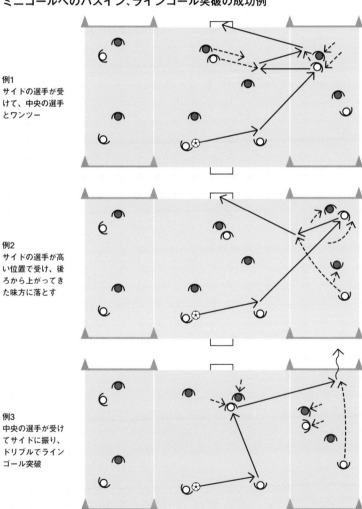

例1
サイドの選手が受けて、中央の選手とワンツー

例2
サイドの選手が高い位置で受け、後ろから上がってきた味方に落とす

例3
中央の選手が受けてサイドに振り、ドリブルでラインゴール突破

トレーニング2
8対8＋GK

目的

よりゴールを意識する

攻撃側は相手をよく見ながらプレーし、スペースをつくる＆
使うを行いながらゴールを狙う。

やり方

トレーニング1から1
人増やして8対8（＋
GK）で互いにゴール
をねらう。グリッド内
でのセパレートがない
ので、攻守ともにモビ
リティーがある状況で
トレーニング1のポイ
ントを意識する。

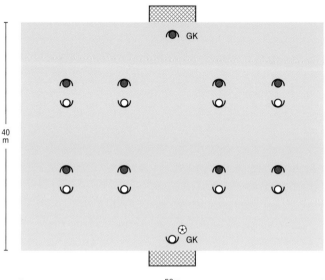

ポイント

相手に合わせて
正しい位置に

中央とサイドにできるス
ペースをうまく使いなが
ら、ボールを動かすこと
が大切。移動の制限がな
いためどこにでも動ける
が、「4―4」の布陣の中
で相手の立ち位置を見
て、適切なポジションを
取ることも意識する。

ゲーム
11対11（フルコート）

やり方

フルコートでの11対11。ウォーミングアップ、トレーニング1、2のキーファクターを意識して行う

〈チェックポイント〉
- スペースをうまく使ってボールを動かせているか（誰が入ろうとしているか、2人が同時に入ろうとしていないかなど）
- お互いの位置を意識しながらポジションを取ろうとしているか

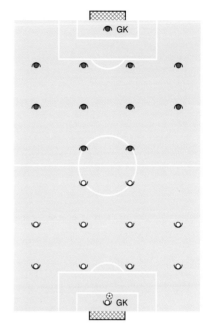

全体のポイント

できたスペースがどうなるかをイメージする

人が動けばスペースができ、できたスペースはまたなくなる。試合をしていて「さっきはスペースがあったけど、今顔を上げたらもうなくなっていて何もできない」という選手もいるだろう。

今あるスペースはだれでもわかるが、そのスペースが今度どうなっていきそうか、周囲の状況とあわせてそこまでイメージできるようになるとよい。

33

テーマ:
レーン*を変える

ウォーミングアップ
ボールワーク

目的

ブラッシングを使ってレーンを変える

横にボールを動かしながら、ブラッシングを使って逆サイドに展開する。

やり方

図のように選手を6カ所に配置する。AからD
まで順に、左から中央にボールを送り、中央の2
人がブラッシング（対面での短いパス交換）を行

い、逆サイドへ展開。ボールを2つ用いて、図の
上部（E〜H）でも同じ流れで同時にパスを展開
する。

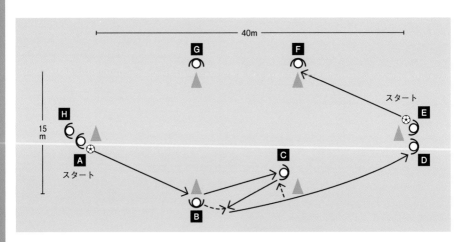

ポイント

最終ラインや
中盤でのパスを想定

4バック、あるいは中盤4人でパス交換を行
いながらサイドチェンジをするイメージ。
相手を置かないメニューでは、パスの正確性
とタイミングにこだわる。

アドバイス

相手の存在をイメージする

特に中央のパス交換（ブラッシング）はテ
ンポよく行い、相手にボール奪取の狙いを
絞らせないことを意識する。パターン練習
ではあるが、全選手が「ほかの選択肢」を
相手に見せるようにしながら行う。

---

*レーン…フィールドを縦に分割したエリアのことで、最近ではP95の図1のように、両サイド、中央、2つのハーフスペースの5つに分けて
考えることが多い。同じレーン内でパスを回すよりもほかのレーンにボールを動かすほうが展開の可能性が高まる

トレーニング1

6対6

目的

相手プレッシャーを回避する

ボールを動かしながら相手の厳しいプレッシャーを回避してレーンを変え、前方へボールを運ぶ。

やり方

グリッドを3つに分けて6対6を行う。攻撃側は「4-2」の布陣でラインゴールの突破を狙う。守備側も「4-2」の布陣でボール奪取からラインゴールを突破する。攻撃側が中央でボールを持っているときは（上図）、守備側は通常の位置取りをするが、サイドエリアに入ったらボールサイドにスライドして（遠いサイドからも中央に絞って）プレスを強める。

ボールが中央にあるとき、守備側は通常の位置取り

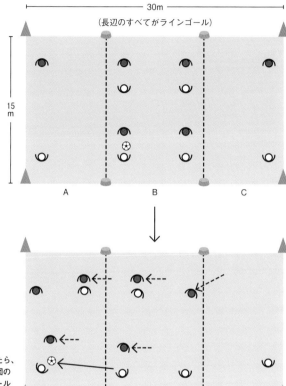

30m
（長辺のすべてがラインゴール）

15m

A　　　B　　　C

ボールがサイドに入ったら、守備側は遠いサイド（図のC）から中に絞ってボールへのプレッシャーを強める

A　　　B　　　C

 ポイント

攻撃側は後ろの数的優位を生かす

攻撃側は後方4人が数的優位のため、基本的に逆サイドがフリーになる。ドリブル突破、あるいは前方2人への縦パスを狙いながら、中央のブラッシングなどで相手に的を絞らせず、逆サイドを有効活用する（図）。ただし、攻撃側の目的はサイドチェンジではなく、ライン突破。前進できるチャンスを逃さないようにする。

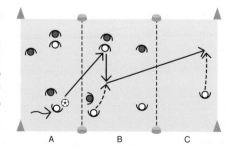

A　　　B　　　C

トレーニング2
8対8

キーファクター
- ▶ 相手をよく見てプレーする（お互い「4-4」の布陣）
- ▶ 素早くボールを動かす
- ▶ 方向性と奪うタイミング（守備）

目的

相手をよく見て
ボールを動かす

数的同数の中で相手をよく見て、ボールを素早く動かしながらレーンを変えたり、縦パスを入れたりして前進する。

やり方

横長のグリッド内で8対8。中央にミニゴール、両サイドにコーンゲートを設ける。ボール保持チームは、中央のゴールにパスインか、コーンゲートをドリブル通過する。ボールを奪ったら攻守交代。

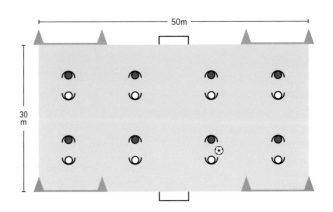

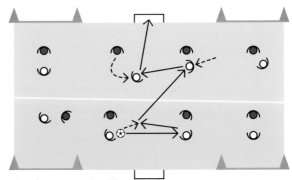

ミニゴールへのパスインの例

 ポイント

ボールを動かして
相手を引きつける

数的同数で整っている守備をどう崩すかがポイント。素早くボールを動かしながら、相手を集結させ、手薄なエリア（レーン）にボールを運んで前進の起点とする。

 アドバイス

効果的なエリアを見極める

やみくもにボールを動かすのではなく、相手を見てプレーする。ボールを動かすことによってどの場所に集まってくるのか、どの場所には集まってこないのか、効果的なエリアを見極めて共有する意識が必要。

ゲーム

8対8＋GK

やり方

お互い「4－3－1」の布陣でゲームを行う（ハーフコートなど）。レーンを効果的に変えながらゴールを目指す。

〈チェックポイント〉

● レーンを変える準備が常にできているか

● レーンを変えなければいけないときと変えなくてもいいときの判断（変えたあとに攻撃がより展開できたかどうか）

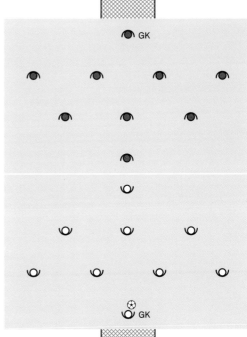

 全体のポイント

レーンを変えるタイミングの共有

レーンをいつ変えるべきかというのはチームのスタイルや指導者のサッカー観によって変わってくる。「相手に囲まれそうになったらすぐに変えろ」と言う指導者もいれば、「もう1本パスを出して食いつかせてから変えろ」と言う指導者もいる。実際に頻繁にレーンを変えすぎても効果的とはいえない。そのあたりのめやすを共有できるとよい。

テーマ：
ビルドアップ

ウォーミングアップ
3対3＋2サーバー＋2サーバー

目的
マークされた状態でパスをつなぐ
狭いグリッドで相手のマークが常についている中で、パスをつなげるようにする。

やり方

グリッド内で3対3のパス回し。ボール保持側はサーバーを使ってOK。サーバーは攻撃方向が交差するように2人ずつ設置する。守備側がボールを奪ったら、それまでと異なる2人のサーバーを使ってパスをつなぐ。攻撃方向を交差する設定は、守備側がボールを奪った場合に「ボールをいったんサイドへ逃がす」意識をつけるため（例：黄色は赤から赤のサーバーを目指す→黒が奪う→青のサーバーにパスをして、青から青を目指す）。

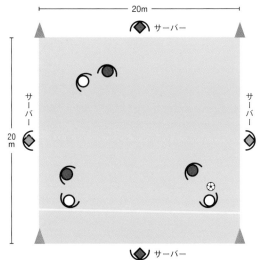

ポイント

瞬間的に動いてフリーに

大きく動き回って相手のマークを外すのではなく、タイミングよく相手から離れることで瞬間的にフリーになり、正確なプレーで味方につなぐ。連続してパスを受け続ける意識を持つ。体の向きでパスが出入りする角度を確保する。

相手からタイミングよく離れて、味方からボールを受けるようにする

サーバーへ安易にリターンしない

ボール保持者はサーバーに逃げてばかりでは、攻撃するための保持にならない。体の向きをう

まくつくれていない場合は、サーバーへのリターンパスを禁止する。

サーバーからパスを受けるときの体の向き

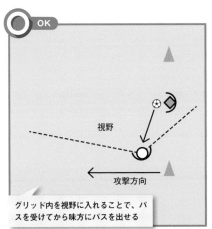

グリッド内を視野に入れることで、パスを受けてから味方にパスを出せる

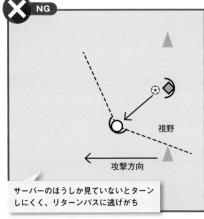

サーバーのほうしか見ていないとターンしにくく、リターンパスに逃げがち

受け手

サーバー

サーバーから受けるときはグリッド内の状況が見えるような体の向きを意識する

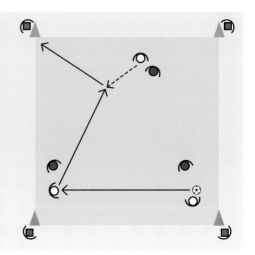

アレンジ

サーバーを四隅に固定する

P38、39ではサーバーが各辺に入っていたが、四隅に固定するパターンでもできる。そうすると、サーバーが対角線上に入ることになって角度が変わり、幅と深みがより出てくる。両サイドにスペースができるので、そのスペースをうまく使うことによって、前方（サーバー）への運び方も変わってくる。

トレーニング1

6対6

キーファクター
▶ 相手を見ながらビルドアップ
▶ 方向性を持った守備
▶ 攻守の切り替え

目的

縦の関係を意識したボール保持

互いに「4―2」の2ラインで対峙することで、手前と奥の関係を意識しながらボールを動かす。

やり方

横長のグリッドでの6対6。攻撃側（黄）は、中央の2つのミニゴールへのパスインと、両サイドのコーンゲートのドリブル通過を目指す。優先順位が高いのはゴール。守備側（黒）は、ボールを奪ったら反対側のラインゴール（ドリブル突破）をめざす。

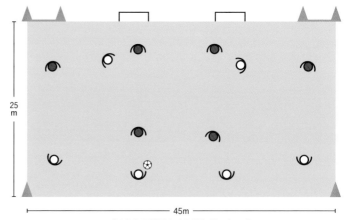

25m

45m
（こちらの長辺すべてがラインゴール）

ミニゴールへの
パスを優先

「4−2」の2ラインでビルドアップ。後方（4）の選手は、前方（2）の選手へのパスだけを狙いがちだが、後方からも1つ先のミニゴールを狙いながらプレーするように促す。前方の選手も、後方の選手からゴールへのパスコースを消さないように意識する。

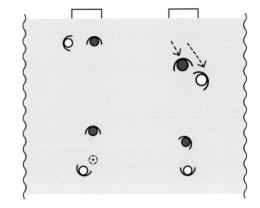

相手の対応を見て
判断する

前方の選手がゴールへのコースを開けた瞬間、相手が食いついたら後方の選手がゴールへパス。食いつかなければ前方の選手へパスをする駆け引きを覚える。

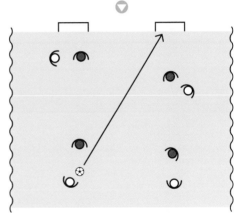

トレーニング2

8対8＋GK

目的

GKからのビルドアップ

GK＋2ラインの布陣で、GKが入った状況でボールを動かし
ながら、相手のプレッシャーを回避して前方に運ぶ。

やり方

8対8で攻撃側の後方にGKを配置して、GKからスタート。そのほかはト
レーニング1と同じ。守備側はボールを奪ったらGKがいるゴールを目指す。

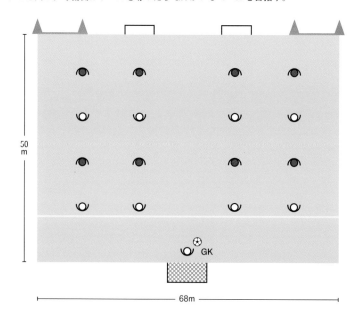

ポイント

サイドの縦の関係を構築する

構成例02のトレーニング1（P30）が参
考になる。サイドの選手が、どのタイミン
グで中央に寄るか。サイドの縦関係で「ス
ペースをつくる、使う」の連動性をつくる。

アドバイス

攻⇔守の切り替えも意識する

守備側は、相手を一方向に追い込むようにし、
ボールを奪ったら即座にショートカウンター
を仕掛ける。守備側がこの形を持つことで、
ビルドアップのために広がった攻撃側は、
ボールを失った瞬間に集結する意識をつける。

ゲーム
11対11
（ハーフコート）

やり方

ウォーミングアップ、トレーニング1
と2のキーファクターを意識して行う

〈チェックポイント〉
- 前線の選手の動きをよく見ているか
- 相手のプレッシングに応じてボール
  を運べているか
- 幅と深さを意識できているか

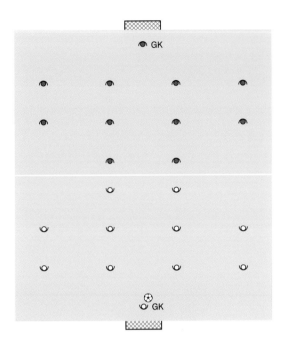

 全体のポイント

幅だけでなく深さも意識する

「ビルドアップ」というと、丁寧にボールを動かしながら前進していくイメージがあるが、攻撃の目的は点を取ることなので、まずは前線の状況を見ているかどうかが重要。ボール保持の練習では「幅」への意識はよく見られるが、「深さ」はあまり生かせていないことがあるので、相手に隙があれば前線に長いボールを送るようにする。

「国見高校＋法政大学」がルーツ

前橋育英高校では、ボールを大事にしながら攻撃するサッカーを目指しています。私は、選手時代に島原商業高校から法政大学に進みましたが、カルチャーショックを受けました。

島原商では、後に国見高校を全国高校サッカー選手権大会で戦後最多タイとなる６度の優勝に導いた小嶺忠敏先生の指導を受けていました。地元の子どもたちが鍛えられ、相手を上回る走力を武器にしたサッカーには力強さがありました。一方で、技術の高い選手が集まっていた法政大は、効率的な攻略を求めるサッカーで、巧みさがありました。真逆のサッカーといってもよいくらいに違いました。

大学を卒業したあと、前橋育英で教員になり、サッカー部を指導するようになった当初は、この異なる２つのサッカーを融合させたいと考えていました。静岡学園高校のように、ドリブルを武器にするチームもありますが、私にはドリブラーの感覚はなく、選手たちに教えることができません。ですから、私は人数をかけてみんなで攻撃するスタイルを目指したのです。

山口素弘（1984～86年度在籍）が３年生のときに、全国高校選手権に初めて出場できましたが、ライバルの前橋商業高校には服部浩紀のような優れた選手がいて、勝てない時期もありました。チームのスタイルは、縦に速い前橋商と同じでは、相手のほうがレベルの高い選手がそろっているので分が悪い。必然的に異なるスタイル、つまり、丁寧にパスをつなぐスタイルを選択するようになりました。

高校卒業後、東海大学を経て横浜フリューゲルスなどでプレーした山口素弘（中央）©BBM

第2章
相手守備への対応

自分たちがボールを保持すれば、相手は奪いにくる。
いつ、どこで奪いたいのか、相手の狙いを把握し、
機転を利かせて攻撃を仕掛けることで、
得点の可能性はより高まる。

相手の狙いを把握し、「逆を取る」プレーを

相手の守備の狙いは主に2つ

サッカーは、相手が存在するスポーツです。相手の狙いを感じ取りながら、状況を解決しなければなりません。ボールを保持して攻撃をすることを目指す上では、相手の守備の狙いを把握することは欠かせません。

相手の守備の狙いは、大きく分ければ2つあります。自陣でスペースがない状況に引き込んでボールを奪う「リトリート」と、判断力を奪うためボールホルダーに時間を与えず、どんどんボールを奪いにいく「プレッシング」です（図1、2）。

どちらに対しても、ある程度のセオリーはあります。例えば、プレッシングに対しては、ワンタッチ、ツータッチでボールを早く動かすことが有効ですし、的確なボールコントロールで相手を「はがす」ことができれば、なおよいでしょう。プレスが来て苦しまぎれにただ前方に蹴るだけでは相手の思うツボです。ただ、相手最終ラインの背後までボールを飛ばして、相手の前方への矢印をひっくり返すのはプレスを回避する上では有効です。

相手をはがすときもそうですし、少ないタッチ数でボールを動かす際には、ファーストタッチの質が特に求められます。相手が飛び込んでくればボールを動かしてかわす、相手が距離を詰めてこないのであれば足元に止める、というように意図した場所にボールを置けるかが重要です。

「相手守備への対応」
に関する主なキーワード

相手守備の主なやり方

図1 リトリート

攻略セオリー→相手の間や背後のスペース
でボールを受けて起点をつくる

図2 プレッシング

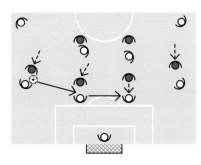

攻略のセオリー→素早くボールを動かす、相
手背後に長いボールを送る

リトリート攻略のカギ

図3 ポケットへの侵入

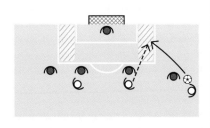

ポケット＝ペナルティーエリア内の
両サイドのゾーン（斜線）を指す

図4 相手ブロックの内側と外側を使う

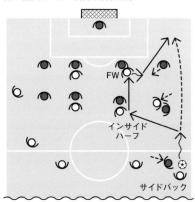

例：サイドバックからインサイドハーフにパスを入れ（内側）、FW
を経由して、裏へ抜け出たサイドバックへ（外側）

47

リトリートで守備ブロックを築いて待ち構える相手に対して、安易に長いボールを放り込んだり、足元への単純なパスを入れたりしても、攻略にはつながらないでしょう。ただ、ピッチの横幅である68mを4人や5人で守ることは現実的に不可能です。相手の間にあるスペースや最終ラインの背後のスペースを突いてボールを受け、起点をつくることが効果的です。なかでも「ポケット」と呼ばれるエリアはリトリートを攻略する上で重要です（図3）。

相手の守備ブロックの内側と外側をうまく使って相手を揺さぶることも効果があります。前橋育英高校の場合は「4－4－2」の布陣で戦うことが多いのですが、インサイドハーフとサイドバックが関わって相手のサイドバックの裏をどう取るか、さらにそこにツー

トップがどう絡むかがポイントの1つになります（図4）。こうした関わりの中で相手ブロックの内側と外側の使い分けができるのが理想ですし、相手が食いついてきたらサイドチェンジをして展開を変えるのも1つの攻略方法でしょう。

相手を見て機転を利かせる

試合が始まって、相手のプレッシングに気づいたとしたら、「サポートを素早くしてワンタッチパスで相手のプレスからボールを逃がそう」というように、機転が利く選手が必要です。ただ、今はこうした発信をできる選手が少ないです。「ショートパスをつなぐサッカーをしよう」と掲げると、ずっとショートパスをつながなければいけないと考える選手が多くなっている印象があります。もしかす

「相手が何をしたいのか、
何を狙おうとしているのかがわかれば、『逆を取る』という
最高の判断ができる」

ると、指導者でもそういった方がいるかもしれません。

　私も若い頃にはミスをしました。「パスサッカーをやるぞ」と言って、スタイルを実行することに酔ってしまい、試合の最大の目的が疎かになりました。「ボールがボランチを経由する」と分かっていたら、相手からしてみれば面白いようにボールを奪えたことでしょう。

　そもそもショートパスをつなぐスタイルを何のために選択するのかといえば、点を取るためです。相手のやり方を見て、「だったら、

こうしたほうがいい」と素早く考えられる選手を育てなければいけないと思っています。例えば、序盤はロングパスを蹴ってセカンドボールを拾うことで相手のプレスを回避する。それが有効なら、ロングパスを続けることで得点の可能性は高まります。相手がロングパスを警戒するようになってプレスが緩んだら、自分たちが目指しているショートパスのサッカーを展開する、そんなゲームの組み立てができる選手が必要です。

何をやるべきかは相手による

　ボールを保持しながら攻撃するスタイルにとって、状況判断が大事なのは言うまでもありません。その際に、大きな判断材料になるのは相手の位置であり、狙いです。相手が何をしたいのか、何を狙おうとしているのかがわかれば、「逆を取る」という最高の判断ができます。

　例えば、サイドチェンジを繰り返した結果、相手の対応が早くなってきたら、サイドチェンジをしようとして相手がサイドに動いた瞬間に、中央にパスを差し込んでそこから崩すといった判断ができるようになります。やりたいプレーを、いつやるべきなのか。優れた選手というのは、やりたいプレーをするのではなく、やるべきプレーができる選手です。何をやるべきかは、相手を見て判断することになります。こうした判断を個々はもちろん、グループでもできるようにトレーニングをしています。

テーマ:
リトリートに対する攻撃

ウォーミングアップ
ハンドパスゲーム

目的

相手の背後を突く

相手の背後のスペースに飛び出して、ボールを受ける感覚を習得する。

やり方

長方形のグリッドで両端をラインで区
切り、中央のエリアで5対5のハンド
パスゲームを行う。進行方向の奥の
ゾーンでパスを受け取ったら1ポイン
トとする（ボールを持ってゾーンに
入っていくのはノーカウント）。

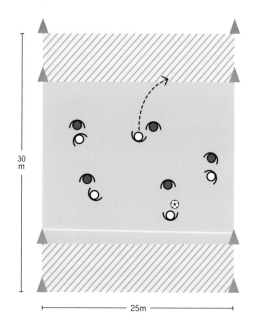

30m

25m

 ポイント

タイミングを合わせてスペースへ

意識するのは「タイミング」。相手にリトリー
トされても背後のスペースは必ず存在する。味
方がパスを出せるタイミングで相手の背後に飛

び出すことが大切。ボールをハイテンポで動か
し続けることで、相手に的を絞らせないように
する。

素早くパスできる持ち方で

ボール保持者はパスを出しやすいボールの持ち方を意識する。ボールをなんとなく保持し、振りかぶってから投げると遅くなる。すぐにパスができるように、構えて持っておくことがポイント。これはハンドパスだが、常にパスを出せる体勢でボールを持つ意識は実戦でも必要。

ボールの持ち方

味方の動きを見てから振りかぶるのでは遅い

すぐにパスを出せるように準備しておく

トレーニング1

6対7＋サーバー

目的

相手の背後を突く

ウォーミングアップはハンドパスだったが、足でボールを動かしながら相手の背後を突いてボールを受ける。

キーファクター
▶ パス＆コントロールの質
▶ 素早いボールワーク
▶ モビリティー（どのスペースへ、いつ、誰が）

やり方

ポゼッションする側（黄）は、後方のサーバーを使いながらボールを保持し、奥のスペースへのパスインを狙う。ドリブルによるライン通過は無効。

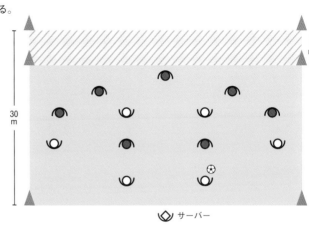

◇ サーバー

相手との駆け引きで裏を取る

下の図のように後ろの列でボールを保持しているとき、前の列の選手（A）はボールに寄ってパスを引き出すと見せかけ、相手の背中側から裏を取る斜めのランニングが有効（写真1）。緩急や方向転換をうまく行えば、相手の前から裏へ抜けるやり方もある（写真2）。同じスピードで漫然と裏を取ろうとすると相手に対応されてしまう（写真3）。

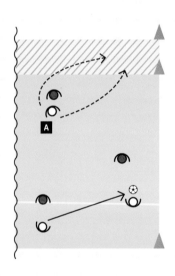

写真1
相手の背中側から裏を取る

攻撃（A）　守備

下がってボールを受ける予備動作

ターンして、相手の背中側から裏を突く

写真2
相手の前から裏を取る

攻撃(A) 守備

下がってボールを
受ける予備動作

ターンして、相手の
前方から裏を突く

写真3
緩急をつけずに裏を取ろうとしても対応される

❌ NG

守備者に対応
された状態で
ボールを受け
ることになる

アドバイス

1人で裏を取る

パスを受けにいく選手が相手を引き連れ、
空いたスペースにもう1人が飛び出す連
係も悪くないが、まずはパスを引き出す
選手が、1人で自分をマークする相手の
背後を取れるかどうかが大事。駆け引き
の中で抜け出す動きを促す。

トレーニング2

2対1→8対9＋GK

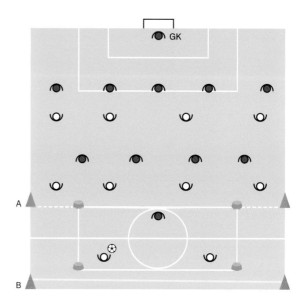

キーファクター
▶ モビリティー
　（どのスペースへ、い
　つ、誰が）
▶ 中央とサイドの攻略
▶ クロスの質と入り方、
　ミドルシュートの意識

目的

実戦に近づけた状態で背後を狙う

後方からボールを運びながら、ウォーミングアップ、トレーニング1
と同様に相手の背後を狙う。

やり方

守備側が「5−4−1」、攻撃側
は「2−4−4」。攻撃側（黄）
が手前の四角いグリッドでの2対
1からスタートし、奥のゾーン（A
のラインより奥）の8対9＋GK
に移る。奥のゾーンへの侵入は、
まずはパスのみとし、その後、ド
リブルでの侵入もOKとする。守
備側（黒）は、ボールを奪ったら
カウンターでライン（B）通過を
目指す。

ポイント

背後を狙うメリットを知る

相手がリトリートしていても、背後を狙う動
きは必要。背後を狙わなければ、相手は全員
が前向きでボールに連続してアタックできる
状態になる。背後を狙うことで、パスを受け
られなくても相手を裏返す、あるいは下げる
ことができる。相手の最終ラインが下がれば、
ミドルシュートも有効になるなどメリットが
あることを知っておく。

アドバイス

奪われたときの対応も考える

相手のリトリートに対する攻撃は、崩し切
ることばかりでなくリスク管理も必要。ス
タート地点の2対1からドリブルによる侵
入をOKにした際は、ボールを奪われた場
合のケアをする動きも必要。

ゲーム

11対11
（フルコート）

やり方

フルコートでの11対11。相手のリトリートを想定し、攻撃側が「4－4－2」守備側が「5－4－1」で行う。

〈チェックポイント〉
- 相手のブロックの内側にボールを入れるタイミング（やみくもに縦パスを入れても挟み込まれる）
- ブロックの内側に入れたあとのイメージの共有
- 相手守備の隙を逃していないか

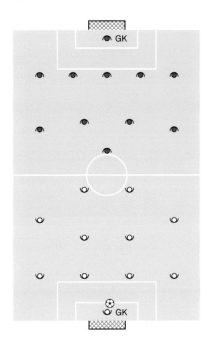

全体のポイント

相手がブロックを固めていてもスペースはある

相手がリトリートしているので、まずは慌てずにボールを保持することが大切。その上で、上述のようにいつ相手のブロックの内側にボールを入れていくか。相手の人数が多いだけで「やりづらい」と感じる選手もいるが、ちょっとしたスペースはあるし、アクションを起こすことでスペースをつくることができる。その狙いを複数で共有できるとよい。

テーマ：
プレスが速い守備に対する攻撃

ウォーミングアップ
４対４＋４サーバー

目的

速く、正確にボールを動かし続ける

相手のプレッシャーを受けながら、速く、正確にボールを動かし
続けるプレーに慣れる。

やり方

20m 四方のグリッド内で４対４、グ
リッド外の各辺に１人ずつサーバーを
配置する。グリッド内のボール保持
チームは、アンダーツータッチ。サー
バーはワンタッチ。１セット１分〜１
分30秒を数セット行う。長く行うと
メリハリがなくなり、試合で生きない
練習になる。短い時間で集中してス
ピードを上げて行う。

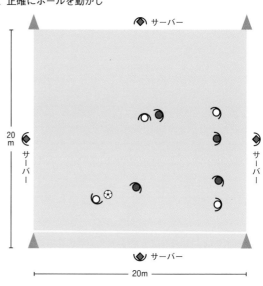

サーバー
20m
サーバー
サーバー
サーバー
20m

ポイント

体の向きや
ファーストタッチの質が重要

グリッド内では常にプレッシャーがかかるが、
フリーでパスを出せるサーバーにボールを逃
がした瞬間に、相手のマークから離れて再び
ボールを受けられるポジションを取る。難度
を上げる場合は、自分にパスを出したサー
バーへのリターンパスを禁止にする。体の向
きやファーストタッチがより重要になる。

アドバイス

パス＆ムーブを意識し続ける

サーバーをワンタッチに限定することで、
グリッド内の選手は、常にボールを受ける
準備をし、パスを出す相手の動きを見続け
なければいけない。とにかくパス＆ムーブ
を繰り返すことが重要なトレーニングであ
る。難度が高い場合は、グリッドを広げる
のではなく人数を減らす。

トレーニング1

4対4

キーファクター
▶ パス&ムーブ
▶ 相手をよく見てプレー
▶ 逆サイドへの展開
▶ 逆サイドに逃がさない
　（守備）

目的

プレッシャーをかわしながらボールを動かす

攻撃方向がある中で、相手のプレッシャーをかわしてボールを展開する。

やり方

縦15m×横20mのグリッド内で4対4。ボール保持側は、中央の2つのミニゴールへのパスインか、両サイドに設置したコーンゲートのライン通過を狙う。守備側は奪ったら対面にあるラインゴールを突破する。どちらも「3−1」の布陣で行う。

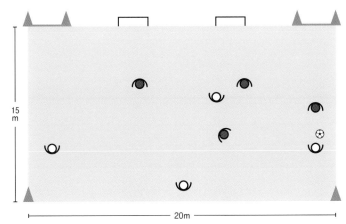

15
m

20m

（長辺のすべてがラインゴール）

 ポイント

攻撃側は中央のパスインを狙う

テーマに沿って、守備側は前から積極的にボールへアプローチする。攻撃側は何を警戒させるかを考える。中央のミニゴールへのパスインを常に狙うことで、相手が寄せてこられないタイミングをつくる。

攻撃側は相手を食いつかせずにプレッシャーの外側でボールを回しても攻略できない。ブラッシングなどを使って逆サイドに展開することが有効。相手を寄せて、空いたスペースでパスを受ける選手をつくる（図）。

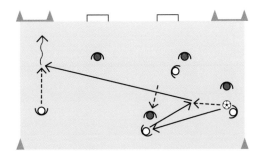

アドバイス

サイドの選手は
ボールを外側に置かない

サイドの選手は、相手がアプローチにくる中で中央からのパスを受けたときのボールの置きどころを考える。外側に置くとすぐに相手に内側を切られて追い込まれてしまう。内側にボールを置いて、中へのパスの可能性も示すことで、相手は方向を絞りづらくなる。写真は、図の場面でのBのボールの受け方の例。

図　サイドの選手が中央からパスを受ける場面

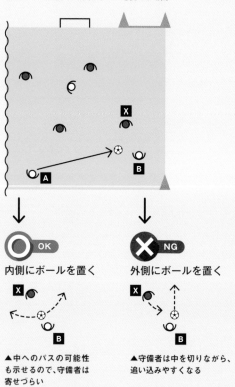

OK
内側にボールを置く

NG
外側にボールを置く

▲中へのパスの可能性も示せるので、守備者は寄せづらい

▲守備者は中を切りながら、追い込みやすくなる

サイドの選手のボールの置きどころ
中央からのパスを受ける場面

守備　攻撃(B)　タッチライン　パス

↓

中へのパスも
出せるところに置く

OK
正面やや左に置く

↓

内側にボールを持ち替える

中へパスを出せるところにコントロールすると、相手は間合いを詰め切れない。内側への持ち替えもスムーズにできる

持ち替えに
対応されたときの対処例

左の「外側に置く」の連続写真のように、内側へボールを持ち替えて相手についてこられたとき、ターンなどを使えば回避できるケースがある

内側へ持ち替える

相手から遠いところでボールを保持

左足のアウトサイドでターン

縦へ突破

外側に置く

❌ NG

右足の前に置き、体も外側を向いている

間合いを詰められてから内側に持ち替えても…

内側を切って寄せやすい

守備者に対応されやすい

ボールを外側に置くことで、相手は内側から間合いを詰めやすい。そこで中に持ち替えても体を入れられてしまう

59

トレーニング2
6対6＋GK

目的

相手の高い位置からのプレッシャーをかわす

フルピッチの横幅の中で、最終ラインから相手のプレッシャーをかわして前方に展開する。

やり方

フルピッチの横幅を使ったグリッド内で6対6。ポゼッションチーム（黄）は、GKから攻撃をスタート。中央に配置したミニゴール2つへのパス

インと両サイドのコーンゲートのライン通過を狙う。守備側はボールを奪ったらGKのいるゴールを狙う。

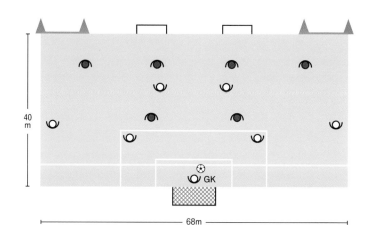

40 m

68m

ポイント

守備側は片方のサイドに追い込む

守備チームが高い位置（攻撃チームのゴールキックなど）からプレッシャーをかけてくる想定の練習。守備は片方のサイドに追い込む意識を持って連係する。

アドバイス

攻撃側は中央のパスインを優先的に狙う

攻撃側は味方ばかりを見ず、常にミニゴールへのパスインを意識する。ミニゴールの代わりに選手を置いて、ポストプレーからラインゴール突破という形に変えてもよい。相手に対して中央の背後を常に意識させることでプレスを緩めさせながら、相手を動かして背後や逆サイドを有効に使う。

ゲーム

8対8+GK
(ハーフコート)

やり方

ハーフコートで8対8を実施。グリッドを狭くすることで、速いプレッシャーが可能になる。

〈チェックポイント〉
- プレーの連続性があるか
- ボールを保持する中でも1つ遠いところ、フリーの選手を意識できているか
- 相手のプレッシャーの中でも失わないボールの持ち方ができているか

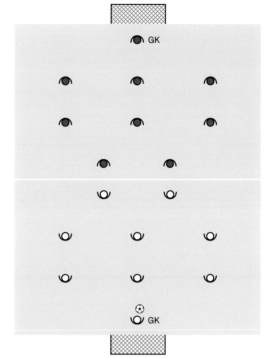

 全体のポイント

プレッシャーがゆるいところを見極めたい

相手のプレッシャーが厳しいということは、スペースと時間がない中でのプレーが求められるということなので、頭と体を休めないでプレーすること、つまり、プレーの連続性を求めたい。

実戦に近づく中で、相手がかけてくるプレッシャーがゆるいところ、「矢印」がかかっていないところがあるので、そこを見極めてボールを動かせるかどうかも重要だ。

成長とともに加速したスタイル

全国大会に安定して出られるようになったのは、松田直樹（1992〜94年度在籍）の世代の少し前からです。その後、98、99、2001年度に全国高校サッカー選手権大会でベスト4に入ることができました。ただし、この頃活躍した松下裕樹、茂原岳人、佐藤正美（いずれも97〜99年度在籍）らは県内の選手でした。

細貝萌（02〜04年度在籍）たちの世代のあとくらいから、関東を中心にほかの都道府県からも選手が集まるようになりました。ショートパスをつなぐスタイルだったからだと思いますが、スピードやパワーというよりは、技術と戦術眼でボールを動かし、コンビネーションやパスで崩すようなプレーを得意とする選手が多く入ってきてくれました。

ボランチを中心にして、パスをつないで攻める現在のようなチームのスタイルが確立されていき、09年にはインターハイで初めて日本一になることができました。その後、17年度には全国高校選手権で初優勝。22年にはインターハイで2度目の優勝を飾ることができました。

チームが成長するにつれ、コーチに指導を手伝ってもらうようになったことも、さらにチームが成長した理由の1つです。20年からは、前橋FCで監督をしている湯浅英明さんにコーチとして協力いただき、今はトップチームを一緒に見てもらっています。現在ではセカンドチーム以下のリーグ戦も整備されており、各カテゴリーに監督を置いて、それぞれで結果を求めて活動しています。

高校卒業後、横浜F・マリノスなどでプレーし、日本を代表するDFとして活躍した松田直樹（中央）©BBM

第3章

コンビネーション

単独で突破できるのが理想だが、
相手守備網を破る上で有効になるのがコンビネーション。
即興性や工夫を伴ったワンツーやスイッチ、
3人目の動きなどを実践しよう。

2人をベースにして、3、4人目が関わる

ベースはドリブルとワンツー

コンビネーションには、いろいろな形があります。ベースとなるのは、2人のコンビネーションにおける「2人称のドリブル」と「ワンツー」の組み合わせだと思っています（図1、3）。2人で攻撃していても「1人称のドリブル」（図2）では、コンビネーションになりません。

2人のコンビネーションは、ほかにもスイッチや、1人がキープしてからのスルーパス、オーバーラップなど、ある程度、形は限定されます。ただし、まずはドリブルとワンツーで相手をかわすプレーを狙えることが大前提となります。

ここに3人目、4人目がアイディアを持って関わってくることで、多彩なコンビネーションプレーが可能になります。3人目が関わる代表的な例でいえば、Aが縦パスを出して、Bがポストプレーで落として、Cが走り込んでパスを受けてスルーパスを出し、Aが走り込む、といったものでしょうか（図4）。

この3人目以降が関われるかどうかが、実戦では重要です。特に、仕掛ける前の時点のポジショニングにおいて「トライアングル」を意識できているかが問われます。トライアングルができれば、パスコースが2つある中で相手に的を絞らせずにボールをつないでいくことが可能だからです。

一方で、練習の中でコンビネーションを磨

こうとすると、どうしてもドリルトレーニングになってしまいがちです。「このタイミングで走りましょう、ここでパスを受けましょう」といった練習になるわけですが、実際に試合の中でそのままの形が生きるのは、1、2回あるかないかというところです。実際には、その場のアイディアや即興性で生まれたものがコンビネーションとして発揮されるものといえますが、こうしたドリルトレーニングがベースになって意外性のあるコンビネー

「コンビネーション」
に関する主なキーワード

①2人称

代表的なプレー

図1 2人称のドリブル

もう1人の味方と関われるようにドリブルすることで、相手はパスかドリブル突破か、的を絞りづらくなる

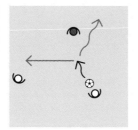

図2 1人称のドリブル

もう1人の味方と関わりが生じないドリブルでは、相手に対応されてしまう

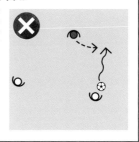

図3 ワンツー

ワンタッチでのパス交換で相手を抜く

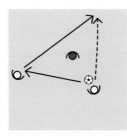

②3人称

図4
3人目が関わる例

AとBの関係にCが加わることで局面を打開できている

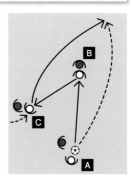

ションプレーが生まれるのも事実だと思います。

タイミングが不可欠

　有効なコンビネーション形成に不可欠な要素として、プレーするタイミングを感覚的にわかっているかどうかも大切です。

　同じ形のコンビネーションでも、3人目がどのタイミングで関わるかによってプレーの成功率は変わります。くさびの縦パスが通ってから3人目が走り出した場合は、相手についてこられる可能性が高くなります。しかし、縦パスが入るタイミングで3人目が動き出し

ていたら、相手はまずついてくることができません。

　このプレーに関しては、OBの山口素弘が抜群にうまかったです。彼は足が速いタイプの選手ではありませんでしたが、それを自分でもわかっていたので、相手よりも先に動き出すことを意識していました。そのためか、予測がほかの選手に比べてずば抜けて早かったです。気がついたら山口が走り出して、抜け出している。遅れて相手が食いついてきたらパスを展開するという、賢いプレーをする選手でした。

　その意味では、ボールの移動中にアクショ

> 「2人称なのか、3人称なのか。
> また、中央やサイドなど場所によっても
> コンビネーションは変わってくる」

ンを起こすことはコンビネーションプレーにおける具体的なポイントになると思います。動き出しのタイミングは練習で繰り返し行い、成功することで身につけられるものです。

　2人称なのか、3人称なのか。また、中央やサイドなど場所によってもコンビネーションは変わってきます。さらに、センターフォワードであれば、相手を背負った状態でボー

ルをキープして時間をつくることで、周りを生かすコンビネーションプレーができるといったように、ポジションで求められる役割も変わってきます。このように、さまざまなシチュエーションでのコンビネーション発揮を目指して練習を行っています。

年代を問わず取り組むべき

　コンビネーションに関しては選手に対して、いつ、どの程度、教えるべきかと聞かれることがあります。例えば、ドリブラーといわれるような、ボールを離したがらない選手の場合、周囲が合わせるのは難しくなります。一方、ドリブルが得意な選手にボールをすぐに離すように言ってしまっては、武器が生かせなくなる、というわけです。

　しかし、ドリブルは何のためにするのかを忘れてはいけません。ゴールを奪うためです。ボールを離すべきタイミングがわからないドリブルになってしまってはいけません。特に第4種年代ではボールコントロールを重視するあまり、個人技を磨くことに特化して、ボールをタイミングよく離せない選手になってしまうケースが珍しくありません。

　海外の指導者が、よく「日本の選手はボール扱いがうまいのに、サッカーがうまくない」と言うことがあると聞きますが、そういう選手が育成されるのはもったいないと思います。低学年でも、幼少期でも、2人称のドリブルとワンツーの選択から、コンビネーションプレーを学んでいってほしいです。

テーマ:
パスorドリブルの判断

ウォーミングアップ
パス＆ムーブ

目的

精度とタイミングが伴うワンツー

正確に、タイミングよくワンツーを入れて、コンビネーションを磨く。

やり方

3つのコーンを三角形状に置き、3人の選手をそれぞれのコーンの外側に配置。縦のワンツーパスを使ってボールを移動させ、選手も次の位置へ移動する。

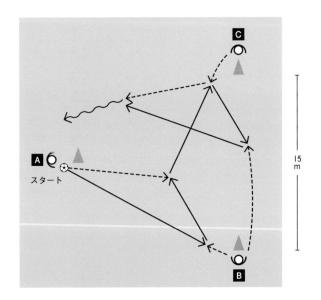

15m

「コーン＝相手」と想定

相手はいないが、コーンはマークに来ている選手のイメージ。パスを受けるタイミングで相手から離れる、あるいは相手の前に出る。パスの正確さだけでなく、パスと動き出しのタイミングが重要。

相手がいる中でのプレーをイメージ

図のBは相手（コーン）の前に出て相手を背負った状態でパスを受け、右足アウトサイドでワンタッチパスを出して反転し、マーカーをかわすイメージ。受ける、渡す、動き直しの連続性を意識する。

トレーニング1

連続の2対1

目的

パスかドリブルか
適切に判断する

ボール保持者は相手を見て、パスかドリブルか有効な手段を選択する。

やり方

縦15m×横8mのグリッドを横に3分割して、各エリアに守備者を配置。攻撃側は、2人のコンビネーションで前方にあるコーナーゲートのライン通過を目指す。エリアの突破方法は、パスでもドリブルでもよい。

パスを2本使って、2番目のエリアまで侵入したケース

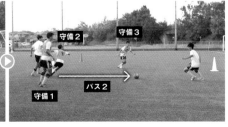

ボールの持ち方を意識する

常に「パスかドリブルか」を相手に予測されないボールの持ち方を意識する（図と写真）。P58で紹介したようなボールの置き方も1つのポイントとなる。ここでは守備者が複数いるため、相手守備者の間が空けばパスが有効。閉じることを意識しているのであれば、ドリブル通過が有効になる。相手の位置や体の向きを見て判断する。

図
パスかドリブルのどちらかを相手に絞らせないボールの持ち方を意識する

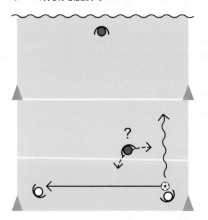

写真

パスまたはドリブルでの突破例

右足パスと見せかけてドリブル

右足でのパスを守備者に意識させる

パスコースを切ろうと前に重心がかかる

守備者の体勢を見てドリブルに切り替える

縦へ突破

P70 の図と下の写真の局面での突破例。
ボール保持者の誘いに守備者がのってこなければ、そのままパスやドリブルを選択してよい。

左足パスと見せかけてドリブル

守備1

左足でのパスを守備者に意識させる

パスコースを切ろうと前に重心がかかる

守備者の体勢を見てドリブルに切り替える

縦へ突破

縦へのドリブルと見せかけてパス

守備1

縦へのドリブルを意識させる

ドリブルをはばもうとサイドに重心がかかる

守備者の体勢を見てパスに切り替える

パスで守備者を置き去りに

アドバイス

守備は連係を取りながら対応する

守備者は縦の関係になるが、後方から声をかけて攻撃側の選択肢を限定していく。守備者間に

パスで通されると2人が一気に抜かれる可能性があるため注意する。

トレーニング2
5対5＋α

目的

ボールを効果的に運ぶ

ラインゴールの突破のためにパスとドリブルを効果的に使うだけでなく、運び方やパスコースも意識する。

やり方

前後にグリッドを用意。片方のグリッドで5対5（4対4、3対3でも可）。グリッドの前後両端に5人ずつ待機。攻撃側（黄）は、中央のラインをドリブル通過。守備側（黒）は、ボールを奪ったら、進行方向側の待機チーム（赤）にパスして交代する。

ラインゴール

 ポイント

2対1をつくって突破を図る

攻撃側はライン通過が目的だが、1対1を突破するためのドリブルだけでは、味方がいる優位性を生かせない。「2対1」の局面ができるように仕掛けていく意識を持つことが重要。相手1人、あるいは相手と相手の間に向かってドリブルを仕掛けることで、相手を引き寄せて周囲の味方をフリーにすることができる。

 アドバイス

常にパスできる状態を保つ

ドリブルをする選手が、常にパスもできる状態でボールを保持しているかが重要。パスを出すタイミングを失う、パスコースがなくなっていくドリブルは、典型的な失敗例。スピードを上げ過ぎると、視線が落ちやすく、失敗に陥りやすい。

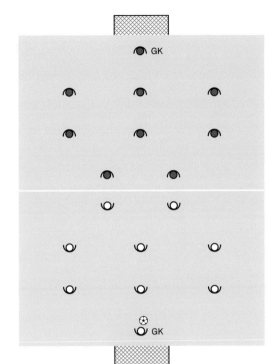

ゲーム

8対8＋GK
（ハーフコート）

やり方

ハーフコートでの8対8＋GK。お互い「3－3－2」の布陣で行う。

〈チェックポイント〉
- パスかドリブルか、両方の選択肢を常に持てているか
- パス（ドリブル）だけしかできない状況でもドリブル（パス）を匂わせることができているか

全体のポイント

角度やコースも意識する

ボール保持者がパスとドリブルの両方の選択肢を持つには、常にボールをいいところに置いていること、相手が起こしたアクションを把握できるように視線が上がっていることが必要。実戦でのプレッシャーがある中でもそれができるようになるとよい。またパスとドリブルは角度やコースなどの細かい部分も追求できるように促したい。

テーマ:
コンビネーション

ウォーミングアップ①
２人組でのパス

２人の連係の形を覚える

２人のコンビネーションで相手守備を崩すパターンを身につける。

やり方

コーンなどを目印として置き、２人組でパスとドリブルを使いながら「ワンツー」「クロスオーバー」「シザーズ」「スイッチ」を行って前方に進む。

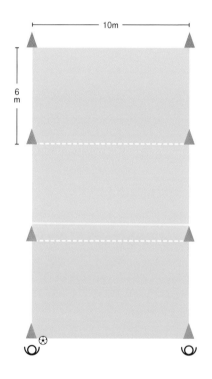

ポイント

パートナーの動きに合わせる

ボールを運ぶ役は、パートナーの動きにスピードやパスのタイミングを合わせる。パスを受ける役はリターンする場合、ボール保持者のスピードを落とさないように意識する。お互い、ボールを持っていないときにパートナーを追い越す際はスピードを少し上げる。

アドバイス

守備役を置いてもOK

まずは、パートナーの動きに合わせたパスのタイミングや運ぶスピードを合わせることを意識する。慣れてきたら、フルプレッシャーをかけない守備役を置いて行ってもよい。ボールホルダーは相手を引きつけ、相手を引き離す動き出しのタイミングでパスを出すようにする。

（1）ワンツー

Bはあらかじめボール保持者（A）の斜め前に立つ。AはBの足元にパスを出し、前方へラン。Bはできるだけボールに寄ってから、Aのランに合わせてリターンパスを送る。

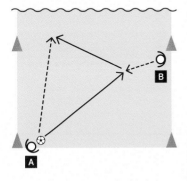

A　斜め前へパス　　　　　　　　B

ワンタッチでリターン

ボールを受ける

Aの斜め位置に入ってくり返す

（2）クロスオーバー

横パスからスタート。パスを受けた選手（B）は斜め前にゆっくりドリブルし、パスを出した選手（A）はBの外側を回り込み、Bからのパスを受ける。

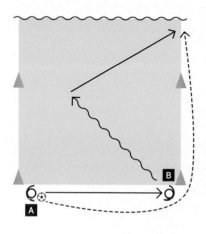

(3)シザーズ

横パスからスタート。パスを出した選手
(A)は斜め前に走り、パスを受けた選手(B)
からの縦パスを受ける。Bもパスを出した
あと（Aと交差するように）斜め前に走っ
て、Aの横に入る。

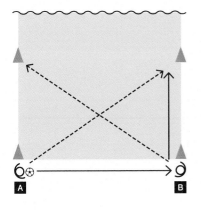

（4）スイッチ

ボール保持者（A）が斜め前にドリブルしてスタート。パートナー（B）も斜め前に走ってAの後ろに回り込み、Aは足裏などでBにパスして入れ替わる。

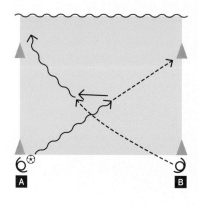

斜め前にドリブル

Aの後ろに回り込む

足裏などでBにパス

Bがボールを受ける

今度はBがドリブルで斜め前に入ってくり返す

互いにそのまま斜め前に進み入れ替わる

ウォーミングアップ②

3対1のボール回し

目的

ボール回しの中で連係を磨く

ウォーミングアップ①で行った4つの形を発揮する。

やり方

グリッド内で3対1を行う。お互いにイメージを合わせながら4つの形を意識してボールをキープする。流動的に位置を変えてよい。

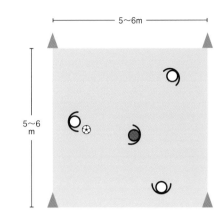

5～6m

5～6m

トレーニング1

2対2＋ターゲット

キーファクター
▶ パスの精度、タイミング
▶ 守備組織を破る動き
▶ マークを外さない（守備）

目的

2人の連係で守備を破る

攻撃方向がある状況で、コンビネーションを発揮して突破を目指す。

やり方

縦25m×横15mのグリッドをつくり、両短辺にターゲットを配置。グリッド内で2対2を行い、お互いが攻撃方向にいるターゲットにボールをつなぎながら対面のラインをドリブル突破する。

 ポイント

状況に応じた
コンビネーションで

ウォーミングアップ①で行った4つのコンビネーションを使って突破したいが、「決め打ち」では意味がない。ターゲットへの縦パスのコースを意識しながら、相手がボールに食いついてくるタイミングを見て、状況に応じた連係で突破を図る。

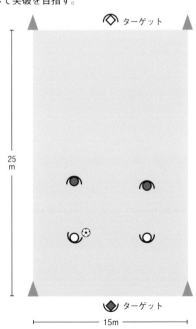

◇ ターゲット

25m

15m

◆ ターゲット

２対２＋サーバーでもOK

最初は両短辺にいる２人がターゲットではなく、後方からのサーバーとして実施すると、２対２でのコンビネーションにより特化して反復できるメニューになる。ターゲットとして実施する場合、縦パスを入れたあとに３人目の動きを出せるかがポイント。

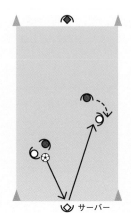

◇ サーバー

トレーニング２

４対４＋サーバー

キーファクター
▶ パスの精度、タイミング
▶ 守備組織を破る動き
▶ マークを外さない （守備）

目的

数的同数からの突破

トレーニング１から人数が増えた状況で、攻撃側はコンビネーションを発揮して突破を図る。

縦長のグリッドをつくり、両短辺にサーバーを配置。グリッド内で４対４。ボール保持チームは、後方のサーバーを使いながら前進。進行方向にあるエンドラインをドリブル通過する。

スペースをつくって相手守備を破る

２ラインの攻防。攻撃側は守備組織を「壊す」動きが重要になる。攻撃側の前方２人が、縦パスを引き出せるタイミングで前と後ろに分かれて、スペースをつくるのも１つの方法。速いパス回しからワンツーなどでスペースに飛び出す選手をつくる。

◎ サーバー

◇ サーバー

後方の選手が加わった連係も

ウォーミングアップとトレーニング1でやってきたように、前方2人のコンビネーションで守備を崩すことも大切だが、前方2人の関係に後方の選手が加わることも重要。タイミングよく上がって「3人目」として加われば、突破の可能性が高まる。

6対6＋GK

やり方

縦50m×横40mのグリッドで6対6。お互いに「2-3-1」の布陣で行う。ウォーミングアップ、トレーニング1、2で行ったコンビネーションを意識して攻撃を仕掛ける。

〈チェックポイント〉
● アクションを起こしているか
● 起こしたアクションに周囲が反応できているか
● 相手が見せた隙を逃していないか

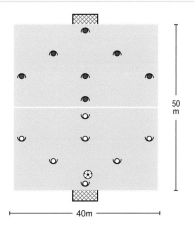

50m

40m

重要なのはアクションを起こすこと

アクションを起こし、そのアクションに対して反応する。味方のアクションと反応がつながり続ければさまざまなコンビネーションは出てくるので、まずは練習を通してアクションを促す姿勢が必要だ。その上で、「今のはここに飛び出せばチャンスになった」「ワンタッチで落としたほうがよかった」というように、質を求めていけばよい。

テーマ:

2人組でのスペースの取り方

ウォーミングアップ

ボールワーク＆ボール回し

目的

前後のスペースに
パスを呼び込む

横並びの味方と連係をとり、それぞれ前と後ろのスペースに動いてパスを引き出す。

やり方

横並びの2人を3組配置。中央のライン上にコーンを置き、片方の端（図では下）の2人がパス交換。中央の2人（A、B）は、タイミングよくコーンの前後に分かれてパスを呼び込み、逆サイド（上側）の2人にパス。次は、逆方向（図の上から下）へ同様に進める。

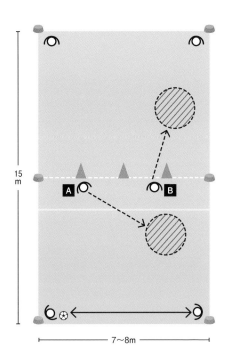

15
m

7〜8m

ポイント

2人が動き出すタイミングを磨く

中央にいる2人が動き出すタイミングが重要。パス交換をしている選手の視線が上がり、ワンタッチで出せるタイミングで、前と後ろに分かれてスペースで受けるように動く。パスの出し手に（前と後ろの）2つの選択肢を与えるようにする。

連動を意識して ボールを前に運ぶ

中央の2人は、パスを受けたあとも連動を意識する。「手前で受けたら、もう1人の選手とのワンツーで前進する（図A）」「奥で受けたら、受けなかった選手が追い越しをかけてパスを受ける（図B）」などのプレーで前進するとよい。

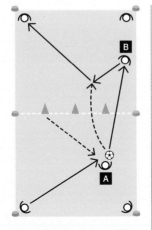

図A 手前で受け、もう1人が前で受けてワンツー

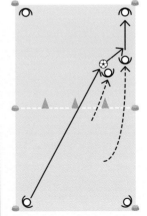

図B 奥で受けて、もう1人が追い越す

トレーニング1

2対2＋1

目的

相手から離れて パスを受ける

味方がパスを回しているときにタイミングよく相手から離れ、スペースでパスを受ける。

やり方

縦20m×横16mのグリッド内で中央に2対2をつくる。手前の2人（X、Y）がパス交換から、中央の2人（のどちらか）に縦パスを入れて、中央の2対2でゴールを目指す。手前の2人のパス交換は、どちらも常に前方の足で行う。

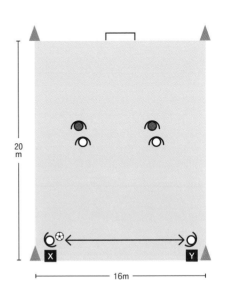

20
m

16m

動き出しのタイミングを決めてもOK

中央の選手は、相手を背負った状態でパスを受けるのではなく、相手から距離を取った状況をつくり、前を向ける角度でパスを呼び込む（図A、B）。パスの出し手がコントロールしてボールを置いた瞬間など、中央の2人が動き出すタイミングを決めてもよい。手前でパス交換する2人（X、Y）は、中央とサイドの選手の関係性をイメージするとよい（サイドバックからセンターバックにパスが入ったときに前の2人が動き出す、というイメージ）。

 図A　相手から離れて前を
　　　向ける状態で受ける

 図B　相手を背負ったまま
　　　受ける

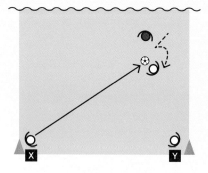

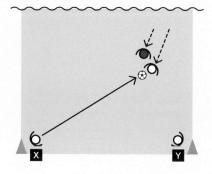

攻撃側は1人加わってもよい

オプションとして「縦パスを入れたら、攻撃側は手前（図のX、Y）から1人が前進し、3対2の状況からゴールを目指す」というルールを追加してもよい。この際、XとYのどちらが攻撃に参加したほうが効果的かを考えて実践する。

トレーニング2

3対2＋1対1＋2対2＋GK

キーファクター
▶ タイミングよく
　プレーする
▶ 背後と手前の
　スペースをどちらが
　使うか

味方の動きに合わせて
縦パスを送る

相手のプレッシャーがある中で、味方の動きを見極めてパスを出せるタイミングを察知する。

縦35m×横24〜25mのグリッドを3つのゾーンに分ける（A：縦8m、B：縦2m、C：縦25m）。3対2のAゾーンから、2対2のCゾーンにパスが入ったら、Bゾーンの選手（攻撃と守備の両方）が後方から参加して3対3でゴールを目指す。

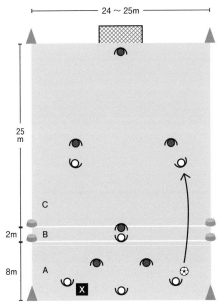

出し手が
タイミングを逃さない

パスの出し手にもプレッシャーがかかる。縦パスを出せるタイミングを逃さず、前方の2人は、ウォーミングアップとトレーニング1のように前後に分かれてパスを引き出すことが重要。

攻撃がもう1人加わってもOK

オプションとして、縦パスがCゾーンに入ったあと、Bゾーンだけでなく、攻撃側はAゾーンからも1人攻撃参加OKとする。トレーニング1と同様に、誰がどのスペースに出ていくのが有効かを考える。バックパスを呼び込み、相手にパスコースを切られながらプレッシャーを受ける形にならないようにする（図のX）。

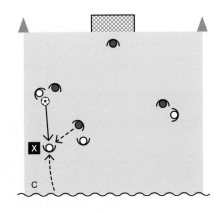

**攻撃側が後方から加わってバックパスを
引き出す際、相手にパスコースを切られ
ながらプレッシャーを受けてしまう例**

85

7対7＋GK

やり方

7対7＋GKのゲームを、互いに「2－3－2」の
布陣で行う。ウォーミングアップから取り組んでき
たものを互いの最終局面で応用する。

ポイント

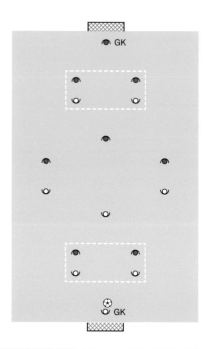

ゴール前で2対2の駆け引きを

互いにゴール前が2対2（図の点線）になる
布陣で行う。前後のスペースを使う動きで相
手の最終ラインを崩して点を取る（8対8＋
GKで「2－4－2」の布陣でもOK）。

〈チェックポイント〉
- 攻撃側の2人がお互いに何
  をしようとしているかを把
  握しているか
- 2人の距離感は適切か
- 2人を使おうとしている味
  方はいるか

全体のポイント

お互いの動きをよく見る

2人の連係を高めるためにも、まずはお互いの
狙いを把握することが欠かせない。その上で、
どのスペースに動けば何が起こるか、スペース
に侵入したときに使ってくれる味方がいるのか、

といったことにも意識を払えるとよい。2人の
タイプによっても連係方法はさまざまにあるの
で、練習を通じてコンビネーションを確立して
いく。

テーマ:
センターフォワードを使った攻撃

ウォーミングアップ
4対2

目的

縦パスのタイミングを共有する

ボール回しから「縦パス」を入れ、それをスイッチとして前方に攻撃する。

やり方

グリッド内で4対2のパス回しをアンダーツータッチで行う。ワンタッチで相手の間を通す対面パスが入ったら、受け手もワンタッチでサポートに来た選手に落とす（下の図。対面パスがツータッチで入った場合は、そのままパス回しを継続）。対面パスを進行方向としてエンドラインをドリブル突破し、守備側はそれを阻む。

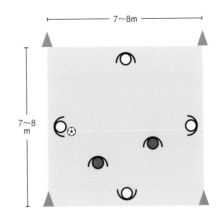

7～8m

7～8m

ポイント

対面パスを予測する

「対面パスが通ってからボールに対して近寄る」のではなく、「味方がワンタッチパスを対面に通せそうだ」と予測し、パスが通るタイミングで動き出すことが大事。ボールばかり見ていると対面パスへの反応が遅れるので、攻撃方向を常に意識しておくこともポイント。

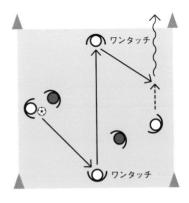

ワンタッチ

ワンタッチ

対面パスがワンタッチで入ったら突破を図る

トレーニング1

2対1＋1対1＋1対2

キーファクター
▶ 前線をよく見る
▶ 体の向き（特にBゾーン）
▶ 前線へのパスコース

目的

センターフォワードの位置を意識する

奥行きがある中でボールを動かしながら、センターフォワードの位置や狙いを常に意識する。

やり方

グリッドを3つのゾーンに分割し、手前から攻撃側が2対1（Aゾーン）、1対1（Bゾーン）、1対2（Cゾーン）になるように選手を配置する。攻撃側（黄）は、前方のゾーンへはパスインが条件。パスインしたら、1つ後ろのゾーンから1人だけ攻撃に参加できる。最後はラインゴールをドリブル通過する。

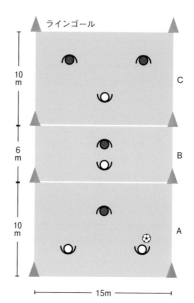

ポイント

前方の2人が互いの位置を把握する

最前線（Cゾーン）の選手と中央（Bゾーン）の選手が、互いの位置を意識してポジションを取る。中央の選手は、最後方（Aゾーン）から最前線（Cゾーン）への縦パスのコースをつくりながら、自分がパスを受ける状況もつくり出す（図1、2）。

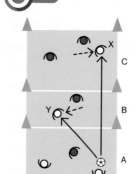

図1
YはXの動きを見て、2つのパスコースをつくっている

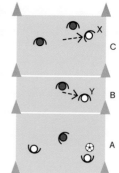

図2
XとYの方向が重なり、パスコースが1つしかない

アドバイス

前に進めなかったら原因を考える

攻撃側はAゾーンからBゾーンにパスが入ったあとバックパスでやり直してもよいが、その場合、なぜ前に進めなかったのかを考える。体の向きやパスのタイミングなどが悪いと、前進できるコースが瞬時に消えてしまう。最前線（C

ゾーン）の選手がパスを待ってしまい、動き続けるのをやめたときなどにそれが起こりやすい。慣れてきたら3つのゾーンを1つにして、「2-1-1」同士のラインゴールゲームにしてもよい。

トレーニング2

8対8＋GK

キーファクター
▶ 前線をよく見る
▶ 縦パスのコースを意識
▶ 攻撃参加の質

目的

縦パスから相手を崩す

より多くの味方、相手がいる中でそれぞれの位置を把握し、センターフォワード（前線）の選手に入れる縦パスから相手を崩す。

やり方

グリッドを3つのゾーンに分割。両チームとも「3-3-2」の布陣でゴールを目指す。攻撃側は前方のゾーンにパスインで進むことができ、1つ後ろのゾーンから1人だけ攻撃に参加できる。

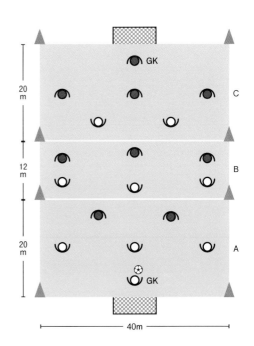

ポイント

縦パスのコースを意識する

後方（A）、中央（B）のゾーンともに、前方のゾーン（C）への縦パスのコースを空けることを意識しながらプレーする。

最終的にはドリブルインもOKに

前方へは「パスイン」と限定しているため、どうしてもパスに偏った攻撃になってしまいがち（図1）。そのため、最後は中央ゾーン（B）から最終ゾーン（C）への侵入はドリブルも可能としてもよい。「相手にFWへのパスを意識させる」ことで相手が中央に寄り、サイドのスペースが空いてくることを生かした攻略の仕方を覚える（図2）。

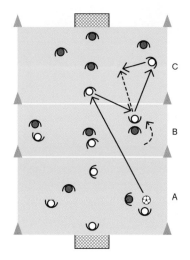

図1　パスインの例

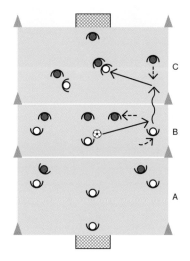

図2　ドリブルインの例

9対9＋GK

やり方

ハーフコートなどで9対9＋GKを行う。布陣は「4-3-2」もしくは「4-4-1」で行う。

〈チェックポイント〉
- 常にセンターフォワードを見ているか
- 中盤の選手がセンターフォワードのパスコースを消していないか
- 守備側の中盤が相手センターフォワードへのパスを意識できているか

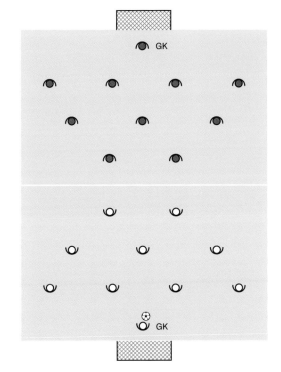

 全体のポイント

センターフォワードを意識する

ボール保持時は常にセンターフォワードを見るように促す。最終ラインの選手はセンターフォワードよりも中盤の選手に意識がいくケースがあり、中盤の選手はセンターフォワードのパスコースを消すことがあるので注意する。ボール保持者はセンターフォワードに対する相手守備の対応をよく見て、常に適切なプレーができるようにしたい。

停滞期に得た刺激

1990年あたりから、少しずつ能力が高い選手が集まってきてくれるようになったと話しましたが、それでも日本一には届かない時期が長く続き、90年代の終わりごろ、私は悩みを抱えていました。それなりにキャリアを積んでいたことから、関東サッカー協会の技術委員長を務めたり、97年に発足した関東スーパーリーグ（現在のプリンスリーグ関東の前身）の立ち上げに関わったりと、関東全体の環境整備に携わる時間が増えていきました。

その一方で、自分のチームで結果を残せていませんでした。このままではいけない、指導者として勉強し直そうという思いで、2000年にS級ライセンスを受講しました。どんな指導者にも学ばなければいけないと思う瞬間があるはずです。それを大事にしなければいけないと思います。

S級ライセンスでは日本サッカー協会の反町康治技術委員長や、履正社高校の平野直樹監督などが同期でした。指導者のいろいろな考えに触れることができ、楽しかったですし、とても勉強になりました。

ほかの指導者から刺激を受けることは、指導者にとって必要です。S級ライセンスで情熱を感じさせる指導者たちを見て、やはりグラウンドでの指導が一番大事だと思い、兼務していたほかの役職はすべて辞めました。

その後は、50歳手前になって前橋育英高校で管理職に就きましたが、60歳を過ぎた今でも、なるべく現場での指導に専念したいと思っています。

熱い口調や身振り手振りで選手にアドバイスを送るなどパワフルな指導は健在

第4章

サイド攻撃

チームとして攻撃を進めていく上で
フィールドのどこを攻略するかという要素も欠かせない。
最終的に相手ゴール前（中央）に侵入するために
効果的なサイド攻撃を仕掛けよう。

単純なクロスに頼らず、起点をつくって展開する

相手のバランスを崩すために

　攻撃は、基本的にサイドを起点にすることが多くになります。守る相手がゴール前を固めるため、中央の守備が分厚くなることは、説明する必要もないでしょう。現代サッカーでは、海外も含めて、組織的な守備を崩すために、外からクロスを送り込んだり、ミドルレンジからシュートを放ったりすることで、まず相手をゴール前から引き出すプレーがポイントになっています。

　同じようなことで、サイドから攻める目的は、相手のゴール前の人数を減らすことにあります。つまり、サイドにボールを置くのは、相手の守備のバランスを崩すためです。

　本書で紹介している練習では、「ポケット」や「ハーフスペース」（図1）を使うものが多く出てきますが、これも一度は外に起点をつくり、相手を引きつけたあとでもう一度展開するために使っていることがほとんどです。広い意味でのサイド攻撃といってよいでしょう。ポケットは、相手のサイドバックやセンターバックが侵入させたくないと考えているエリアでもあります。ここに起点をつくると、相手センターバックを外側に引き出すこともできます（図2）。

中央の相手マークがゆるくなる

　サイドから攻撃することには、もう1つ利点があります。相手が、正面や逆サイドの選

「サイド攻撃」
に関する主なキーワード

①相手のバランスを崩す

例：ポケットとハーフスペースの活用

図1　ポケットと
　　　ハーフスペース

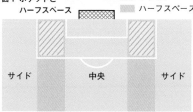

図2　ポケットに起点をつくると相手センターバックを引き出せる

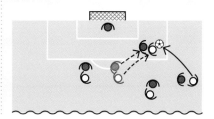

②ゴール前で相手がマークしづらい

● クロスを送る際、相手が人とボールを同一視しにくい
● クロスではなく、サイドに相手を引き出しての展開も有効（図3）

図3　中央にパスを送り、サイドの空いたスペースを使った攻略例

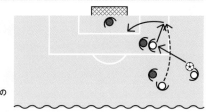

③サイドチェンジをより効果的に行える

図4　MFがハーフスペースで受け、サイドバックが大外のスペースを突く例（相手は対応が難しくなる）

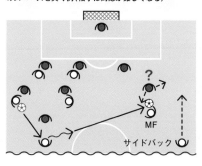

図5　MFが大外でボールを受けて相手を引きつけ、サイドバックが内側を上がる

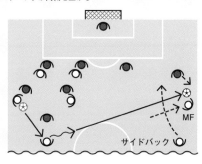

ボール保持　相手守備への対応　コンビネーション　サイド攻撃　崩し&フィニッシュ　守備

手をマークしにくくなる点です。外からクロスボールが入ってくるとき、直前に中央の選手がプルアウェーで動き直せば、ボールと人を同時に見ることができない相手との駆け引きに勝ちやすくなります。

　ただ、理想としては、クロスボール一辺倒にはなってほしくありません。日本のサッカーは、以前はトーナメント形式の大会ばかりだったためか、とにかくクロスボールをゴール前に送り、相手のクリアミスのような「事故」によって得点機会をつくる形を狙うことが多かったと思っています。サイドからのクロスボールは確かに有効ですから、時間がない終盤などにパワープレーを展開することもあります。

　しかし、そもそも再現性が低く、高さで相手に劣れば得点に結びつく可能性はさらに下がるでしょう。そこで、できればサイドに相手を引き出し、空いたスペースを使って中央を攻略する選択肢にも挑戦してほしいと思います。特にボールポゼッション型の攻撃では、外を使って相手を引きつけ、中にボールを入れて慌てて絞らせ、もう一度ボールを外に出してフリーの選手をつくるといった駆け引きの繰り返しがなければ、効果的な攻略はできません。

　例えば、斜めのくさびのようなパスを中央に入れ、中盤の選手が追い越す動きをして、受けた選手がワンタッチで落とすといったことです（図3）。もちろん、ゴール前にスペースがあれば、シンプルにアーリークロスをゴール前に送り込むことが最優先になります。

とにかくサイドを変えればOK？

　サイドに起点をつくったとき、相手が寄せてくればサイドチェンジが打開策の1つにな

ります。ただし、「とにかくサイドを変えればよい」と、無闇に逆サイドに振ろうとする選手がいますが、相手のスライドが間に合えばサイドを変えても状況は変わりません。低い位置でサイドチェンジを繰り返して揺さぶりをかけるプレーもありますが、サイドを変えることで何が起こるかを選手には考えてもらいたいです。

　サイドチェンジのタイミングでボールが逆サイドへ——つまり相手の守備が手薄なサイドに向かっているとき、こちらの中央の選手が外に流れていったら、相手はどうするでしょうか。中央を空けたくない考えが強ければ、相手は中央に残るのでマークを引きはがせます。フリーにしたくない考えが強ければ、

「『とにかくサイドを変えればよい』ではなく、
サイドを変えることで何が起こるかを、
選手には考えてもらいたい」

相手はサイドについてくるので中央にスペースが生まれます。

このように、外を使う、サイドを変えるといったプレーに、相手の中央の守備を変形させる狙いを持てば「サイドに行ったらゴール前にクロス」ばかりでなく、もっと多くの選択肢を見つけられるはずです。

例えば、前橋育英高校のプレーで多いのは、「4−4−2」のサイドハーフがハーフスペースを使い、大外のレーンをサイドバックが使

う場面ではないでしょうか。相手のサイドバックは、内側に絞ったサイドハーフのマークにつくか、大外のスペースを埋めるかで迷いが生まれます（図4）。また、サイドハーフが大外に張り出して相手を引きつけ、サイドバックがインナーラップする攻撃も可能でしょう（図5）。

本章では、ポケットやハーフスペースよりも外のスペースを生かした攻撃をテーマにしたメニュー構成例を紹介します。

©T.Hirano

テーマ：
サイドの仕掛けと突破

ウォーミングアップ
2辺突破の1対1

目的

2つのドリブルコースを持つ

1対1で相手の内と外、2つのドリブルコースを意識して突破を図る。

やり方

正方形のグリッドで1対1。守備者（黒）が攻撃者（黄）にパスを出してアプローチ。攻撃者は対面にある左右どちらかの斜めのラインをドリブルで突破する。

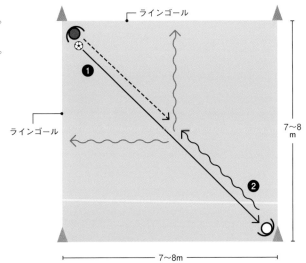

ラインゴール

ラインゴール

7〜8m

7〜8m

ポイント

相手に守備方向を意識させて逆を取る

守備者がパスを出して距離を詰めてくる間に攻撃者は駆け引きをする。相手に守備方向を意識させて逆を取り、突破するのが理想的。

アドバイス

守備者はアプローチを素早く

守備者からのパス＆アプローチはスピードを出す。守備者は距離を詰めながら、攻撃側のファーストタッチやボールの持ち方を見て追い込み方を決める。

トレーニング1

2対1

目的

パスとドリブルの選択肢を持つ

サイドでの数的優位の場面において、パスとドリブルの選択肢を同時に持ちながらボールを保持する。

やり方

サイドライン際の縦に2人の攻撃者（A、B）、エンドライン際に1人の守備者（黒）を配置。コーチが後方の攻撃者（B）に配球。縦パスを出してオーバーラップの動きから2対1を行う。ウォーミングアップと同じように、対面にある左右どちらかの斜めのラインをドリブルで突破する。

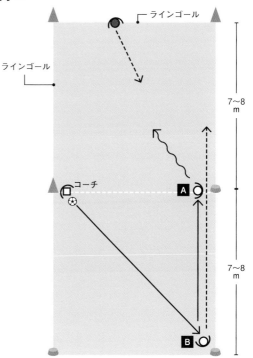

ポイント

パスとドリブルが可能な持ち方

前の選手（A）のボールの持ち方が大事。パスとドリブルの両方が可能な持ち方を意識する（図）。基本的には「中央へのドリブル」を見せて守備者を引きつけ、オーバーラップした味方（A）へパスを出すのが攻撃側のセオリー。ドリブルしかできない持ち方をするとBの動きが無駄になり、パスしかできない持ち方をするとコースを消されてプレッシャーを受けてしまうので注意する。P100～103でAのボールの持ち方について紹介する。

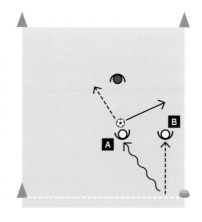

サイドの2対1でのボールの持ち方

 OK

中にドリブルして外を使う

Aはパスをコントロールし、中に運ぶことによって守備者は中を閉じる。タイミングを計って、オーバーラップしてきたBにパスをして突破。P99の「ポイント」でも紹介している理想的な持ち方の1つ。

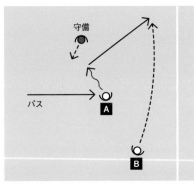

タッチライン

トレーニング1と似たような局面における選手（図のA）のボールの持ち方を、成功例と失敗例とあわせて紹介する（トレーニング1は縦パスだが、ここでは中央からの横パスをAが受けた場面）。

外にドリブルして
そのままパス

Aはパスをコントロールし、外側に持ち出すことによって、守備者は中を切ってサイドをケア。そのままオーバーラップしてきたBにパスしているが、守備者に対応されてしまう。Aは「パスしかない持ち方」になっている。

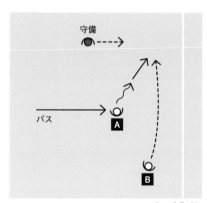

タッチライン

守備

タッチライン

A

パス

サイドをケアする

外側に持ち出す

サイドにパス

B

AにアプローチしたままBへ対応できる

外にパスすると見せ、
中でドリブル

P101のようにコントロールのあと外側に
持ち出し、オーバーラップしてくるBへ
パスするように見せる。守備者はサイドを
ケアするが、それを逆手に取って内側へ切
り返し、ドリブルで突破している。

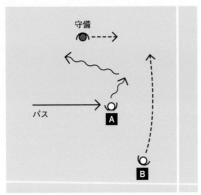

タッチライン

守備　A

タッチライン

パス

サイドをケアする

外側に持ち出して
パスを匂わせる

守備者の逆を取っ
て内側に切り返し

中央へ突破

内側に入って
そのままドリブル

中央からのパスを、内側にアプローチして正面にコントロールして運んでいる。守備者からすれば、最も対応しやすいボールの持ち方。オーバーラップしてくるBの動きが生かされず、単純な「1対1」になっている。

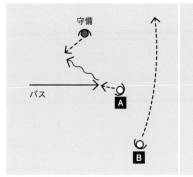

タッチライン

守備
A
タッチライン
パス

ボールが来る方向へアプローチ

中央をケア

そのまま正面にコントロールして運ぶ

守備者にそのまま対応される

トレーニング2
4対4+α

目的

サイドバックの
攻撃参加

数的同数の状況でボールを動かし、サイドバックが攻撃参加する時間をつくり、タイミングよく攻め上がる。

やり方

中央に2つのゴール、両サイドにコーンゲートを設置。ゲートの後方に選手が待機した状態で、グリッド内で4対4。ボール保持チームは、ゲート後方から1人参加してよいが、参加したら、グリッド内の4人のうち1人が抜ける。

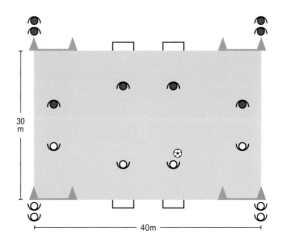

ポイント

サイドのスペースを
空けておく

大外から1人攻め上がれるので、ボール保持側はスペースを空ける動きが有効。サイドから中央寄りにポジションを取ると、相手選手を中央に集結させることができ、外から参加する選手がフリーでパスを受けられるタイミングをつかみやすい(図)。

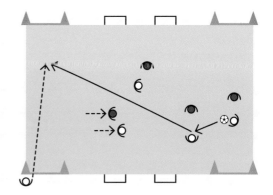

アドバイス

「外」と見せかけて「中」でもOK

サイドの後方で待機している選手は、左右どちらから攻め上がってもよい。攻撃側は守備側に的を絞らせないポジション取りとパス回しができると効果的。また、逆サイドを使うと思わせておいて中央から突破を狙うなどの駆け引きをする。

ゲーム

6対6＋GK

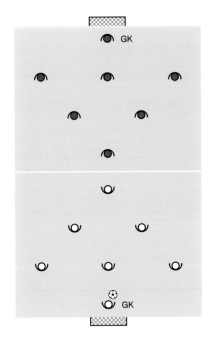

やり方

6対6＋GKでのゲーム。攻撃側は前方のサイドのスペースをうまく使うことを意識する。8対8で行ってもよい。

〈チェックポイント〉

● 後方から出てきた選手をタイミングよく使えるか（そのためのボールの持ち方、変化のつけ方、相手との駆け引きができているか）

● 後方から上がった選手がボールを呼ぶなど、意思の疎通ができているか

 流れのポイント

ボール保持者の状況把握力を磨く

サイドの仕掛けにおいて、後方からの攻め上がりやオーバーラップは重要なポイント。中でも大切なのが、後方から選手が上がってきたときのボール保持者の状況把握力。あと何秒くらいで後方の選手が関わるのか、どこに上がってくるのかなどを判断して、それに応じて時間をつくったり、相手の動きを止めたりできるのが理想。

テーマ:

サイドチェンジからの仕掛け

ウォーミングアップ（1メニュー目）

パス＆ムーブ

キーファクター
▶ 正確にタイミングよく
▶ サイドチェンジをイメージ

目的

サイドチェンジからのフィニッシュ

近い距離でテンポよくパスを回し、サイドチェンジからフィニッシュに持っていくイメージを共有する。

時間など
左右各7分

やり方

グリッド内に5人入り、図のようにAから順にパスを回して、Eがミニゴールにシュートする。Aはセンターバック、Bはサイドバック、Cはボランチ、Dはセンターフォワード、Eはサイドハーフのイメージで、CからEへのパス「あ」がサイドチェンジのパスとなる（ドリルとして効率的に行うために、それまで「上」だった攻撃方向が、パス「あ」から「右」に変わっている）。逆サイドを使ったパターンでも行う。

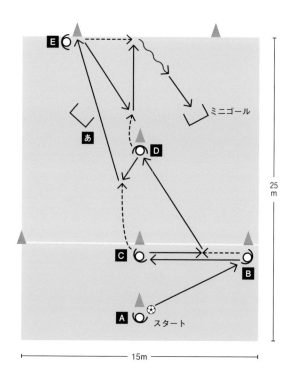

ミニゴール

あ

E

D

C

B

A

スタート

25m

15m

実戦を想定してボールを動かす

2人目の選手（B）は、直接送る縦パスのコースがない状況から、3人目の選手（C）とのブラッシングによって位置をずらし、Dに出す縦パスのコースをつくる意識を持つ（サイドバックとセンターバックのワンタッチでのパス交換のイメージ）。

ウォーミングアップ（2メニュー目）

5対3＋2対1

目的

サイドチェンジ
からの突破

相手のプレッシャーがある中でショートパスをつないだあとサイドチェンジを行い、数的優位を生かして突破する。

やり方

グリッドを2つに分け、片方のエリア（A）で5対3のパス回し。隣のエリア（B）は、攻撃方向を定めて2対1で準備。Aで攻撃側がパスを5本つないだら、Bエリアの（ラインゴールに対して）後方の選手（X）にパス。後方から前の選手（Y）へ縦パスを出し、オーバーラップの動きから2対1でラインを突破する。この際、Aエリアから攻撃側1人がタイミングよく加わってもよい。

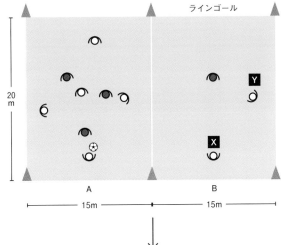

BエリアのYはサイドハーフのイメージ

ラインゴール

20m

A　　　　　　B

15m　　　　　15m

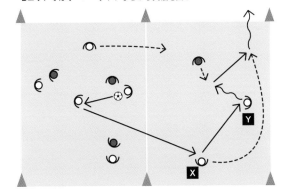

Bエリアではオーバーラップなどから突破を図る

ポイント

「3人目」は状況次第で

Bエリアに攻撃側の3人目が加わるかどうかは状況次第。2対1で崩せるなら加わらない（実際のゲームではサイドに人数をかけることになり、相手ゴール前に入っている中央の選手が減るため）。攻撃が停滞しそうな場合のみ加わる判断が必要。

トレーニング1
（3＋2）対4＋GK

キーファクター
▶ サイドチェンジからの
　素早い攻撃
▶ 追い越す動きを使う
▶ 速いスライドからの
　対応（守備）

目的

サイドチェンジから
速く仕掛ける

サイドチェンジのパスの
あと、相手の陣形が整っ
ていない中で前方のス
ペースを使ってシュート
まで持っていく。

やり方

縦30m×横40mのグリッ
ドを2つに分ける。左のエ
リアで3対4の状況から、
右のエリアの後方にいる選
手（X）にパスを出してス
タート。サイドチェンジの
パスを出したらエリアはフ
リーで5対4＋GKとなる。
守備はボールを奪ったら味
方同士でパスを2本つなぐ。
その間に攻撃側が取り返せ
ば再び攻撃を仕掛ける。

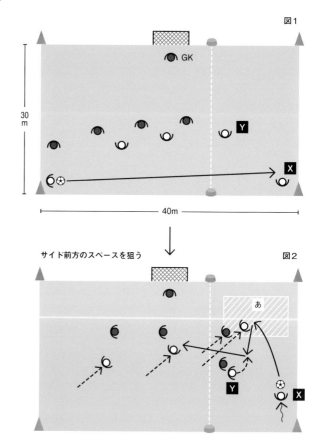

図1

30m

40m

サイド前方のスペースを狙う

図2

あ

「ポケット」への侵入を意識

攻撃側はサイドの前方にあるスペース（図2の
斜線部分「あ」＝実戦での「ポケット」）への
ランニングが重要。このスペースを狙うことで、
中央の相手守備にズレが生じる可能性が高くな
る。

ただし、「ポケットからバックパス→クロス」
の練習ではなく、「ポケットからゴール前」か「ポ
ケットからマイナスに戻して中央突破」の二択
をイメージする。守備側は素早くスライドをし
て攻撃に対応する。

トレーニング2

5対3＋2対1＋GK

目的

サイドチェンジからの効果的な突破

サイドチェンジのパスから数的優位を生かしてサイドを突破し、シュートまで持っていく。

やり方

小さいグリッド内（20m四方）で5対3のパス回しを行う。5本つないだら外で待つ2人（X、Y）のどちらかにサイドチェンジのパスを送り、2対1で縦への突破を図る。小さいグリッドから攻撃側、守備側ともに3人ずつが加わってゴールへ向かう。

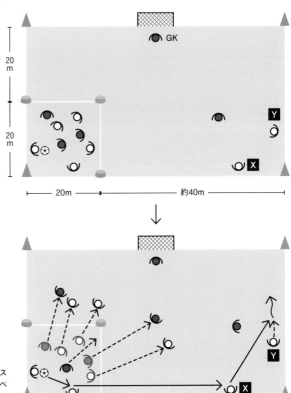

XもしくはYへのパスは足元へ。前方のスペースへのパスはNG

サイド2人の連係で突破する

サイドの攻撃は守備のスライドより速く縦に仕掛ける。サイドチェンジのパスがXに入るかYに入るかで、互いにサポートの仕方を変える。どちらがハイサイドのスペースへ侵入したほうが中央へのパスを狙いやすいかを考える。

守備の「フライング」もOK

守備側は小さいグリッドでの攻撃側のパス回しが順調な場合、5本目のパス成功からサイドチェンジとなる状況を予測して、素早くサイドの守備サポートに入れば2対2の状況にできる。

ゲーム

8対8＋GK(ハーフコート)

やり方

ハーフコート（横長）での8対8＋GK。
お互い「4－4」の布陣で、サイドハー
フが内側に位置すればサイドチェンジが
より多く見られる。

〈チェックポイント〉
● 効果的なサイドチェンジができている
　か（サイドを変えることで優位な展開
　になっているか）
● サイドを変えたあとの状況判断ができ
　ているか（相手が対応している場合は
　無理に攻めなくてよい）

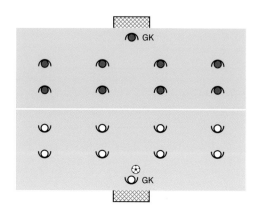

全体のポイント

サイドチェンジのタイミングを共有する

メニュー構成例03（テーマ「レーンを変える」）
でも触れたが、「今サイドチェンジをしたほう
がいいのか、しないほうがいいのか」の基準を
チームで共有したい。やみくもにサイドを変え
てもあまり意味がないケースがある。まずは同
じサイドから崩す姿勢が重要。突破を目指す中
で相手が集まってくれば、サイドチェンジがよ
り有効になるからだ。

第5章
崩し＆フィニッシュ

相手陣内深くまでボールを運んでも、
最終局面での質が低ければゴールは奪えない。
相手の守備網を崩し、シュートを決めるための
パターンとアイディアを身につけよう。

個の力とコンビネーションで即興性を磨く

相手を欺く「遊びの要素」

　相手ゴール前の密集地帯を崩すプレーは再現性が低いので、「このメニューをやればうまくいく」というものはあまりないと考えています。強いていうなら、大きなグリッドよりは狭いグリッドで足元のテクニックを用いて、相手を欺くようなプレーが出るオーガナイズがいいかもしれません。その中でも、ダイアゴナルラン（図1）は崩しの場面でカギとなるプレーであり、練習でも取り組んでいます。

　崩しやフィニッシュの練習で選手に促すポイントとしては、ゴール前なのでシュートチャンスを逃さないことです。味方や相手が動くのを見ながら、自分で少しボールをずらして、シュートコースをつくって打ち込むような姿勢が欲しいです。

　味方のランニングが見えたとき、それをお

とりに使うくらいの感覚がよいかもしれません。また、パスを出して受け直すときにも、シュートを打てるもらい方を意識することが大切です。いずれにしても、即興性やアイディアが大事ですし、選手には相手を欺こうとする遊びの要素が求められると思います。

相手との駆け引きを常に楽しむ

　相手を欺くためには、駆け引きを日常的に重ねていくことが大切です。崩しの局面でいえば「動くか、動かないか」の駆け引きはわかりやすい例でしょう。

　FWが味方からの縦パスを受けようとポジションを取ったけれど、相手DFについてこられてしまい、その間にパスを引き出せなかったとします。そこでFWがすぐに、その位置で受けることを諦めて位置を変えようとすると、パスの出し手にしてみれば選択肢から消えてしまいます。しかし、FWがその

「崩しとフィニッシュ」
に関する主なキーワード

図1 崩しの例：ダイアゴナルラン

ダイアゴナルランは、斜めに走ることを意味する用語。相手ゴール前で特に有効で、最終ライン裏へ抜け出すことで自分のマークを引きつけ、自分がいたスペースを空けることができる（味方が走り込んでパスを受けられる＝図1ではAが斜めに走り込み、Xを引きつけることでできたスペースにBが走り込んでいる）。相手の最終ラインを下げることができ、より相手ゴールに近づいてプレーができる。

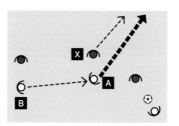

図2、3 崩しの例：コンビネーション

Aから縦パスを受けたBは、走り込んだCへのパスをにおわせながら、自分でターンしてシュートに持ち込む例。味方が関わることで、相手DFの対応が絞りづらくなる

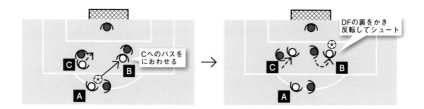

フィニッシュ
●出力の感覚を養う

「どのくらいの強さで、どう蹴れば入るか」という感覚を身につける

場に居続ければパスの選択肢は消えず、出し手はFWにパスを出すかもしれないという動きから別の選択肢を選べます。

その後、別の場所にボールが動けば、FWのマークに来た相手DFが別のポジションを取ろうとするでしょう。FWは動かないことで、ボールが欲しかった場所で引き出せるタイミングがもう一度来ます。そうなると、相手DFはFWについているべきなのか、別の展開に備えるべきか迷いが生まれます。

状況が変わって、そのときに効果的なポジションでなくなっていれば、別のポジションを取らなければいけないということです。例えば、中央にポジションを取ってマークにつかれたとします。自分はパスを受けにくいが、相手を少し引き連れて動くことで、別の選手へのパスコースを空けるといった駆け引きができるようになると、チームで相手を崩しやすくなるのではないでしょうか。

「(その場に)いたらどうなる？　いなかったらどうなる？」と駆け引きを常に楽しめる選手になることも、密集地帯で相手の逆を取れるかどうかに影響すると思います。

「出力の感覚」を養う

　フィニッシュの部分に特化すると、実際の

「最後までディフェンス側に
迷いが生じるような状況ができると、個の爆発的な力がなくても
シュートに持ち込めるケースが増える」

ところ、パワーのあるシュートが打てる、リーチがあって懐が深い、高い打点でヘディングできるといったような、個の能力に左右されるものです。ただし、こうした飛び抜けた能力を持つ選手は少なく、だからこそ指導するのが大切であり、難しくもあると思っています。

　個の力で打開できなければ、コンビネー

ションを利用して崩していく必要があります。コンビネーションの第3章でも触れましたが、例えばゴール前でトライアングルをつくることができれば、味方がパスを受けようという動きを利用して、受け手が反転からシュートを打てることもあるでしょう（図2、3）。

　崩しの局面でも味方同士が関わることで、ドリブル、パス、シュートと、ボール保持者の選択肢は増えます。最後まで守備側に迷いが生じるような状況ができると、個の爆発的な力がなくてもシュートに持ち込めるケースも増えるでしょう。

　シュートに関しては、やはり繰り返し練習することが大切です。繰り返し取り組むことで、蹴るときの「出力の感覚」を養うことにつながると思います。「このくらいの強さで、こういうキックをすれば入る」といった感覚を身につけることが重要です。

　サイドからカットインしてシュートする場面でも、「ファーサイドに打つと見せておいてファーに打つ、あるいは裏をかいてニアサイドを抜く」といった感覚を身につければ、あとは相手GKとDFの立ち位置によって蹴り方を変えればいいわけです。

　そのときの状況をパッと見て、一瞬でジャッジして最適な出力でシュートする。これができるように、繰り返し取り組むのです。特に育成年代のうちは、質と量のバランスでいえば「量」がたくさんあって、それを少しずつ減らして「質」とのバランスがよくなっていくのが理想ではないでしょうか。

テーマ:
背後を取る動き

ウォーミングアップ
３対３

目的
マークを外してボールを受ける
マンツーマンの状態から、タイミングよく相手のマークを外してボールを受ける。

やり方
20m 四方のグリッドの各辺に４つのゲートを設置。コーチが配球して３対３を行う。攻撃側はパスをつなぎ、ゲートの突破をめざす。ゲートを抜ける際はワンタッチ限定。守備側はマンツーマンで対応し、ボールを奪う。

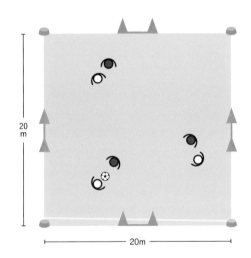

20m

20m

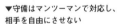
▼守備はマンツーマンで対応し、相手を自由にさせない

▲ボール保持側はコーンのゲート突破を目指す

守備者の逆を取って パスを受ける

パスの受け手になる選手は、（マンツーマン対応のため）動けばついてくる守備者を自分の意図で動かし、逆を取るようにする（下の図、写真）。

ボール保持者

自分の右側へのパスを要求

受け手

直後に切り返して左へのパスを要求

フリーでスペースに抜け出す

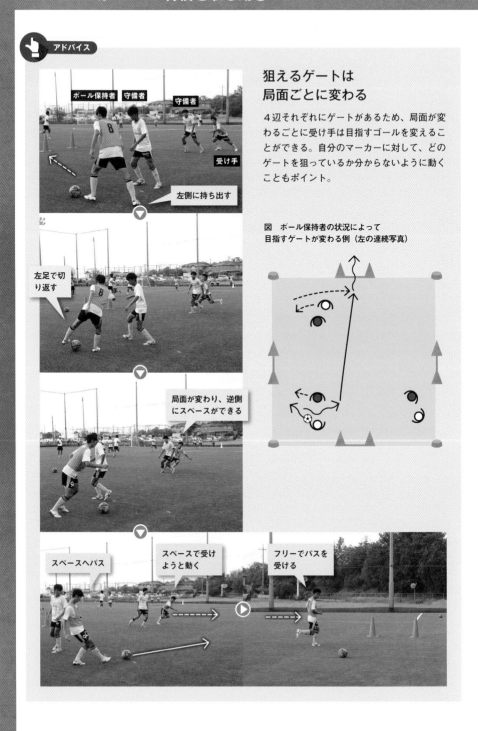

アドバイス

狙えるゲートは
局面ごとに変わる

4辺それぞれにゲートがあるため、局面が変わるごとに受け手は目指すゴールを変えることができる。自分のマーカーに対して、どのゲートを狙っているか分からないように動くこともポイント。

ボール保持者　守備者

守備者

受け手

左側に持ち出す

左足で切り返す

局面が変わり、逆側にスペースができる

図　ボール保持者の状況によって
目指すゲートが変わる例（左の連続写真）

スペースへパス

スペースで受けようと動く

フリーでパスを受ける

トレーニング1
5対5（ゾーンゴール）

キーファクター
▶ スルーパスを出せる
　状況をつくる
▶ タイミングよく
　飛び出す
▶ 空いたスペースの利用

目的

相手の背後を取る

タイミングのよい動き出しで相
手の背後を突き、味方からのス
ルーパスを受ける。

やり方

約35m四方のグリッドの両端に
幅7mのゾーンを設け、図の中央
エリアで5対5を行う。攻撃方向
は黄が上向き、黒が下向き。コー
チの配球でスタート。攻撃側は、
奥のゾーン（斜線）に走り込んで
パスを受けたら得点。走り込む選
手は斜めでも縦でもOK。

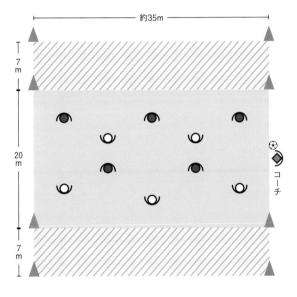

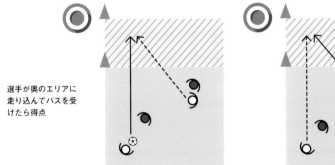

選手が奥のエリアに
走り込んでパスを受
けたら得点

ポイント

パス回しの中で背後のスペースを狙う

奥のスペースを狙ってスルーパスを出せる状況
を、5対5のパス回しの中からつくらなければ

いけない。受け手は出し手の状況をよく見なが
ら、走り込んでパスを受けることが求められる。

119

トレーニング2
7対7＋GK

キーファクター
▶ スルーパスを出せる
　状況をつくる
▶ タイミングよく
　飛び出す
▶ 空いたスペースの利用

目的

相手の背後を突き、ゴールを狙う

お互いのコンビネーションを生かして、タイミングよく相手の背後を突いてパスを受ける。

やり方

ゾーンを2つ（A と B）に分け、互いに4－3の布陣でプレー。攻撃側はゴールを目指し、守備側はラインゴールの突破をめざす。攻撃側は、前方エリア（B）にボールが入ったら、後方エリアから1人加わってよい。

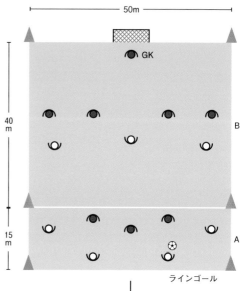

 ポイント

攻撃は3人で連係を取る

攻撃側は、前方の3人がタイミングよく前と後ろに分かれてパスを引き出す（右の図。理想は相手の背後で受けること）。役割分担と動き出しのタイミングを共有する。後方から1人加わって4対4になってからも、どの守備者がつり出されて背後のスペースが空くかを意識する。相手の目の前から走るか、相手の視野から消えてから走るかによっても相手の反応は異なる。

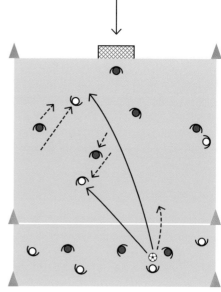

アレンジ

3ラインで実施してもOK

最終ラインから前線へのロングパスを送る局面を想定したメニューでもあるが、より実戦に近い形にするなら、グリッドの中央にもう1つゾーンをつくってもよい（C）。攻撃と守備それぞれ1人ずつ配置して3ラインで行う。AゾーンのB守備者はBゾーンとともにCゾーンへのパスコースを消すことも求められる。

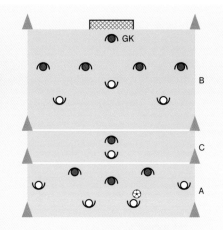

ゲーム

8対8+GK

やり方

ハーフコートなどでの8対8+GK。お互い「3-3-2」の布陣で前線からのプレッシングを促し、最終ラインを高めに設定するとテーマの現象が出やすい。

〈チェックポイント〉
● ツートップが連係を取りながら相手の背後を取れているか（相手の最終ラインをよく見ているか）
● ほかの選手は2トップの動きを見ているか

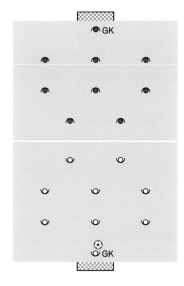

 全体のポイント

中盤のサポート意識も植えつける

前線の選手が相手の背後を取るためには、相手の最終ラインの後ろにどういうスペースがあるのかを把握することが必要になるので、常に最終ラインをよく見て駆け引きをする習慣をつけ

る。また、中盤の選手にはボール保持者であってもなくても、ボールが背後に出たら相手の守備に戻るよりも速くサポートに行くという意識を促したい。

テーマ：
ダイアゴナルランの実践

ウォーミングアップ
ボールワーク

目的

斜めに走り込んでパスを受ける

ダイアゴナルランでタイミングよく味方の前方に入ってパスを受ける。

やり方

図のような選手の配置で、A から順にパスを回すドリル。C はダイアゴナ
ルランでパスを受け、ターンをして D にパス。F は、ダイアゴナルラン
でパスを受け、E にリターンパスを出すコンビネーション。

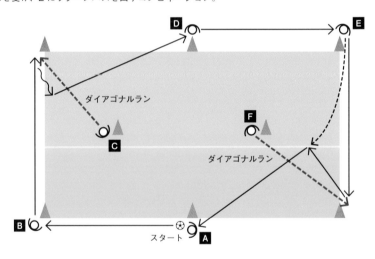

ポイント

走り出すタイミングを
意識する

相手のいない練習では、味方同士のプレー
の質が大事。走り出しのタイミングをボー
ルホルダーに合わせる。

122

トレーニング1（1メニュー目）

5対5（ゾーンゴール）

キーファクター
▶ スルーパスを出せる
　状況をつくる
▶ タイミングよく
　飛び出す
▶ 空いたスペースの利用

目的

ダイアゴナルランで背後を取る

タイミングよく斜めのランニング（ダイアゴナルラン）で相手の背後を突き、味方からのパスを受ける。

やり方

メニュー構成例13のトレーニング1の発展形。互いに4つのコーンゲートを設けて、中央エリアで5対5を行う。攻撃側は、奥のゾーン（斜線）に入ってコーンゲートを抜いたパスを受けたら得点。ただし、選手がコーンゲートを走り抜けてはいけない（下の図）。構成例13では選手の走り込むコースは縦でもよかったが、ここでは斜めに走り込むことがテーマ（選手のゲートの通過をOKにすると、縦への走り込みに対する斜めのパスが増えてしまうため）。

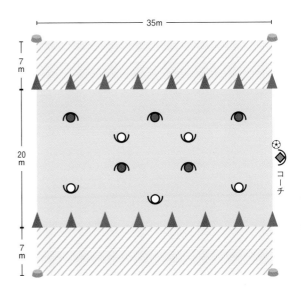

ゲートを通過したパスを
斜めに走り込んで受ける

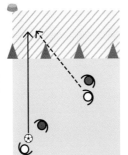

選手がゲートを走り抜け
てボールを受ける

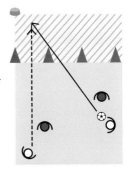

パス回しの中で背後のスペースを狙う

奥のスペースを狙ってスルーパスを出せる状況を、5対5のパス回しの中からつくらなければいけない。受け手は出し手の状況をよく見ながら、マークを外してパスを受けることが求められる。出し手も、受け手がどのタイミングで走り込むかを見ておく。

トレーニング1（2メニュー目）

5対5

キーファクター
▶ ダイアゴナルラン
▶ 背後を狼うタイミング
▶ 守備の方向性

目的

ポケットに侵入する感覚を覚える

実戦でも相手守備を破る上でのカギとなるポケット（図A）に走り込む感覚を養う。

図A　ポケット

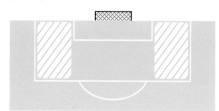

やり方

グリッドの四隅にそれぞれ長方形のスペースを設ける。グリッド内では進行方向のある5対5を行い、互いに攻撃方向の両サイドに設けられたスペースへのパスインを狼う（黄はA、Bのスペースを、黒はC、Dのスペースを狼う）。ドリブルでの侵入はNG。

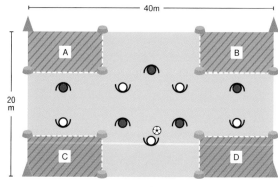

タイミングよくサイドを突く

攻撃側は互いに意思疎通を図り、タイミングよくどちらかのスペースを狼う。守備側は守る方向性を統一し、相手を片方のサイドに追い込む。

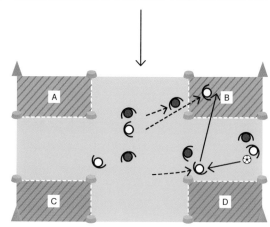

トレーニング2
6対6（スルーパス）

キーファクター
▶ タイミングよく飛び出す
▶ マークを外さない（守備）

目的

スルーパスのタイミングをつかむ

ボールを動かしながら、前方のスペースへのスルーパスを
受ける（出す）タイミングをつかむ。

やり方

グリッドの長辺に3つの
コーンゲートを設ける。
グリッド内で6対6を行
い、攻撃側はスルーパス
でゲートを通し、選手は
ゲート外から飛び出して
パスを受ければ得点。守
備側はボールを奪ったら、
対面のラインゴール突破
を目指す。

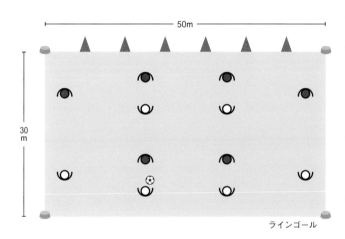

ポイント

スルーパスを
常にイメージ

トレーニング1（1メニュー目）より
りも人数が増え、グリッドが広く
なっている。攻撃側は、どの位置に
ボールが動けば、斜めのランニング
でスルーパスを受けられるかを常に
イメージしておく。イメージしてい
た位置にボールが届いた瞬間に動き
出せるような準備が必要。斜めのラ
ンニングは、相手の背中を通るのが
理想的（右の図）。

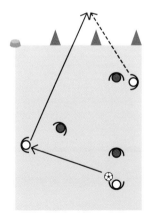

スペースへの走り込みは相手の背後を通るのが理想

125

ゲーム

8対8＋GK

やり方

ハーフコート（横長）で8対8＋GK
を行う。横長のグリッドで行うことで、
「ポケット」へ侵入する場面が増える。

〈チェックポイント〉

● 受け手がダイアゴナルに走り込むタ
イミングは適切か（タイミングよく
走り込むことで相手守備を崩せてい
るか）

● 出し手が、受け手のダイアゴナルラ
ンを見ているか

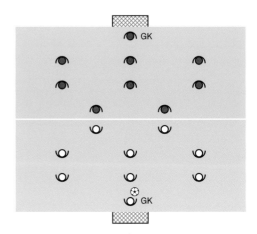

 全体のポイント

守備側は「捨てる」意識も

ダイアゴナルランを行うときのポイントは、受
け手が走り出すタイミング。出し手や周囲の状
況を見て適切なタイミングをつかめるようにし
ていくことが大事。守備側も走り込んできた相

手についていくことが求められるが、効果的な
タイミングではないランに対してはマークにつ
かずに捨ててもよい。状況に応じて判断できる
ように促す。

テーマ:
崩しからのフィニッシュ

ウォーミングアップ

ダイアゴナルランからのシュート

目的

ダイアゴナルランから
シュートへ持ち込む

スルーパスに対してダイアゴナルランでスペースに侵入し、そのままシュート。または味方とパスをつないでシュートする。①〜③の3パターン行う。

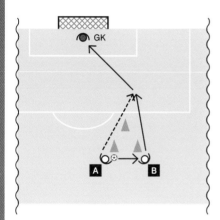

💡 **ポイント**

スタート地点は臨機応変に

①〜③とも、スタート地点はゴールから20mほどの地点としているが、想定する試合によって変えてよい。相手にリトリートされる想定なら、もう少しゴールに近い位置で細かいパスを意識しながらプレーする。シュートはできればワンタッチがベストだが、難しければコントロールしてからでもよい。

①スルーパスをシュート

Aが中央から横パスを出し、ダイアゴナルラン。Bからの縦パスを走り込んでシュートする。

横パス

前にスルーパス

走り込んでシュート

②スルーパスを受け、リターンしてシュート

AがBに横パスを出してダイアゴナルラン。B は①よりもやや外側に縦パスを送り、ゴール前 へ移動。Aがターンをしてラストパスを送り、 Bがシュートする。写真のように、ディフェン ス役がAにプレッシャーをかけてもよい。

「ポケット」で受ける意識で

②と③は、ダイアゴナルランでポケットに侵入 して受ける場面を想定。基本的には、相手DF が内側から寄せてくることをイメージして、体 で相手をブロックしながらターンする。Bの選 手が走り出すタイミングも重要。Aがターンし てパスを出せるときに合わせる。

③スルーパスから
中央に送ってシュート

②と同じようにダイアゴナルランしたAがパスを受け、Bとのパス交換をしてAが中央へ。タイミングよく走り込んだCがシュートする。

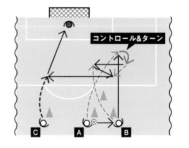

コントロール&ターン

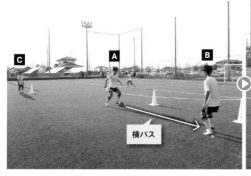

C　A　B

横パス

前にスルーパス

Aがコントロールからターンして落とす

Bが受けてAにリターン

Aが中央にパス

走り込んだCがシュート

129

トレーニング1
ポケットへの侵入からのシュート

目的

ポケットから
決定機を生み出す

ボールがサイドにある局面で
ポケットに侵入し、そこから
シュートにつなげる。

やり方

サイドに起点をつくった状況か
ら攻撃をスタート。ニア、ある
いはファーサイドのポケットで
パスを受けてシュートに持ち込
む（①、②）。

①ニアのポケットからDのエリア

クロスボールを入れると見せかけ、ニアサイドのポケットに1人
が走り込んでパスを受ける。相手の体と意識がボールに向くとこ
ろで、ペナルティーアーク付近に折り返し、シュートを狙う。

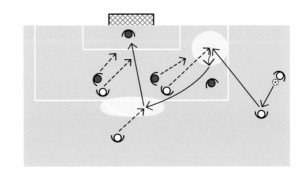

②ファーのポケットから折り返し

相手守備のニアサイドへの意識が高い場合はクロスボールを
ファーサイドのポケットへ送り、1人が侵入。①と同様、相手の
体と意識がボールに向くところで、中央の空いたスペースに折り
返してシュートを狙う。

ポイント

ノーマルな
クロスも取り組む

①と②はダイアゴナルラ
ンが含まれた、サイドか
らの崩し方の例。相手守
備の状況によってはノー
マルなクロスから得点で
きるような取り組みもし
ておく。

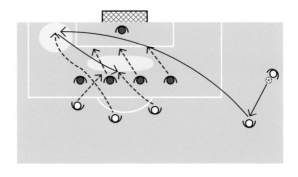

トレーニング2（1メニュー目）

5対5＋GK

目的

3人目の動きからの
シュート

ボールを回しながら「3人目の動き」を効果的に入れ、相手守備を崩してシュートする。

やり方

グリッド内で5対5＋GK。攻撃方向のゴール横にターゲットを2人配置。ターゲットマンにパスを出し、そのリターンをラストパスとしてシュートを狙う。ターゲットは基本的にワンタッチでプレーする。

キーファクター
▶ シュートコースをつくる（相手が目の前にいてもコースはある場合がある）
▶ シュートのコースや蹴り方の選択

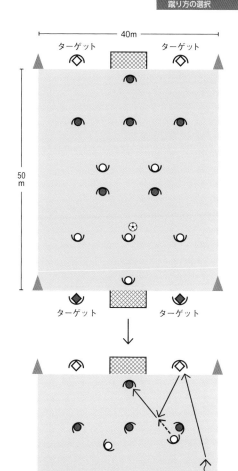

ポイント

ゴール前の
アイディアを磨く

いろいろな角度からシュートを狙う練習になる。ターゲットは、外れたシュートを拾ってパスをつなげてもよい。ゴールラインの後方からラストパスが出るのは現実的ではないが、3人目の動きを意識する上で効果がある。普段はないシチュエーションでゴール前のシュートアイディアを磨く狙いも含む。

トレーニング2（2メニュー目）

4対4＋GK

目的

さまざまな崩し方を実践する

ゴール前でのボール保持から、3人目の動きなどさまざまなアクションで相手守備を崩す。

やり方

ペナルティーエリアよりもさらに広いグリッドでGKが1人入った4対4。攻撃側はゴールを目指す。守備側はボールを奪ったらグリッドのライン（図の点線：ゴールラインは除く）をドリブルで通過する（通過したら攻守交代）。GKがボールをキャッチした場合なども点線外に蹴り出す。ドリブル以外で守備側がボールをグリッドから出した場合は、その地点から攻撃を再開する。

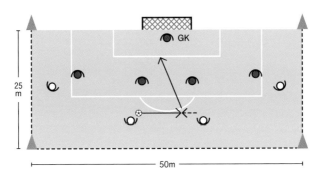

ポイント

クロスボールでの再開もOK

サイドラインからボールが出たら、攻撃側はクロスボールのシチュエーションで再開できる（下の図）。さまざまな場所を起点とした、ゴール前の崩しにトライできるメニュー。

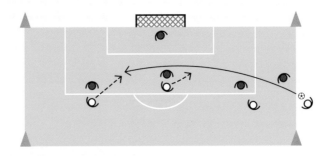

ゲーム

9対9＋GK

やり方

ハーフコート（縦長）での9対9＋
GK。シュート場面を増やしたい場合
は8対8など人数を調整する。お互い
3ラインで行う。

〈チェックポイント〉
- アタッキングゾーンに入って止まっ
  ていないか（動きの中で味方に関わ
  るようにする）
- 2対1の状況や味方でトライアング
  ルをつくることを意識できているか
- 自分でシュートを打つか、仲間に打
  たせるかの判断が適切か

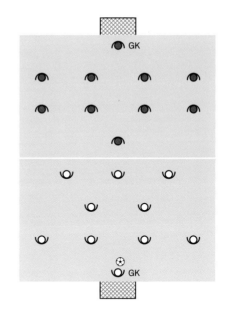

 全体のポイント

動きながら相手を崩す

「崩し」がテーマなので、最低でも2人が関わり、
そこに3人目、4人目が加わっていくような意
識をつけていきたい。ボールを止めてからどこ
に出すのか、ボールを出したあとにどこに走る
のかは、ウォーミングアップなどでベースとな
るパターンを共有しておくことも重要。動きな
がら（ボールを動かしながら）相手を崩せるよ
うになるのが理想的。

テーマ:
プレッシャーがある中でのフィニッシュ

ウォーミングアップ（1メニュー目）
1対4→4対1

目的

プレッシャーを受けながら突破を目指す

ボールを保持し、複数の選手からプレッシャーを受けながら突破を図る。

やり方

8〜10m四方のグリッドの四隅に守備者を配置。中央に攻撃者が1人入る。守備者の1人が攻撃者にパスを出してスタート。攻撃者は、グリッド4辺のいずれかをドリブル通過する。守備者はボールを奪いに行き、奪ったあとは4人でパスを6本つなぐ（右下の図）。

ポイント

守備者の反応を予測する

攻撃者は、四方から相手が来る中で「自分のプレーによって、相手がどう反応するか」を予測してフェイントの動きを入れる。進行方向を変えるタイミングが重要。背後の相手の動きも把握しなければいけない（ターンをして相手に捕まらないようにする）。

アレンジ

レベルを下げるなら1対3に

バリエーションとしては、中央の攻撃者を2人に増やして2対4→4対2に発展させてもよい。レベルを下げるなら守備者を3人にする。グリッドが広すぎると単純なスピード勝負になってしまうので、グリッドはなるべく大きくしない。

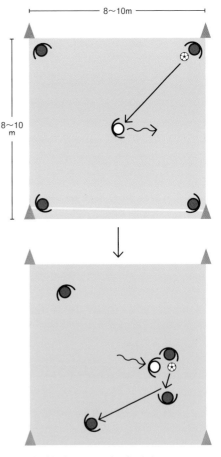

守備側が奪ったらパスを6本つなぐ

ウォーミングアップ（2メニュー目）

1対1からのパスイン

目的

プレッシャーの中でもボールを扱う

相手からプレッシャーを受けた状態でも、ボールをキープしてパスを出せる（シュートを打てる）ようにする。

やり方

図のように、コーンを3つ、ミニゴールを2つ置き、コーンから少し離れたところに守備者が1人ずつ入る。中央に攻撃者が入り、ドリブルで3つのコーンのうちいずれかを目指し、コーンのところでターン。ターンした瞬間に守備者は攻撃者のボールを奪いにいく。攻撃者は後ろからプレッシャーを受けながら、どちらかのミニゴールにパスを入れる。攻撃者のドリブル→ターンはトップスピードで行うようにする。

 ポイント

コース取りと体の使い方を意識する

後ろからDFがプレッシャーをかけてくる状態でボールを運んでパスを出すためには、DFが追いかけてくるコースをふさいだり、体を使ってブロックしたり、ボールを遠いほうに置いたりするなどのスキルが求められる。追いかけてくるDFの位置（攻撃側がドリブルで運ぶ位置）によっても適切な対応を意識する。

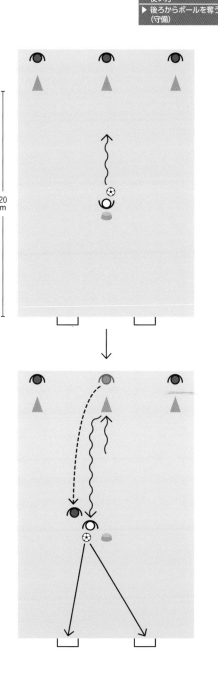

20 m

トレーニング1

2対2＋4対3＋GK

目的

中央からサイドへの展開

中央でボールを収めてから、どちらから攻めたほうが効果的かを
判断してサイド攻撃を仕掛け、シュートまで持ち込む。

やり方

2対2のゾーン（A）からゴール前（C）
のFW2人に縦パスを通す。FWにボー
ルが渡ったら、中央のゾーン（B）にい
るサイドの選手（X、Y）のどちらかに
パス。パスを受けた選手がCゾーンに
侵入し、3対3からゴールを狙う。慣れ
てきたら、Aゾーンから攻撃、守備とも
に1人ずつ加わってもよい。

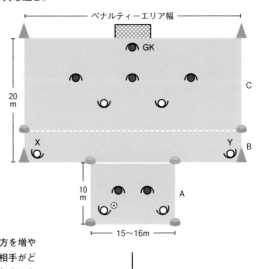

ポイント

逆サイドを効果的に使う

攻撃側はスペースが空いているサイドに味方を増や
せるとよい。FWがボールを受けてから、相手がど
ちらに寄るかを考え、逆サイドの選手を参加させた
い。片方のサイドを意識させるようにFW同士が
パス交換をすると、前方にスペースがある状態で逆
サイドの選手がボールを受ける形もつくれる（図）。

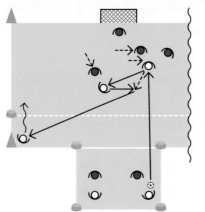

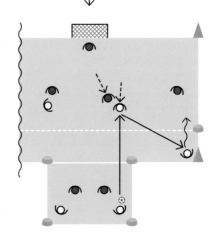

アドバイス

「中央→サイド」の意識で

サイドアタックをテーマに設定したメニューだが、最初からサイドにボールを置いて始めると相手も対応しやすいので、崩すことが難しい。

縦パスを入れて相手を中央に寄せてからサイドのスペースを効果的に使うように、実戦のイメージを持つことが大切。

トレーニング2

キーファクター
▶ 連係を取って崩す
▶ 積極的なフィニッシュ
▶ 継続的なプレッシャー（守備）

4対4＋4対4＋GK

目的

コンビネーションでシュートに持ち込む

4人が連係を取って後方からパスを引き出し、相手の守備を崩してシュートを打つ。

やり方

グリッドを2分割して、各エリアに攻守4人ずつ入る。攻撃側は後ろのエリアから前方にボールを入れ、前方の4人で守備を崩す。横幅はフルサイズより15〜20mほど狭める。プレッシャーが強くかかる状況にするなら、ペナルティーエリア幅に狭めてもよい。

アレンジ

後方から1人加わってもよい

オプションとして、前方エリアにボールが入ったら、後方エリアから1人が参加してOKとする（図）。後方から加わる選手のタイミングや走り込む位置が重要。

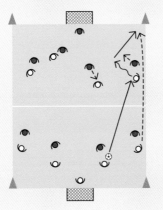

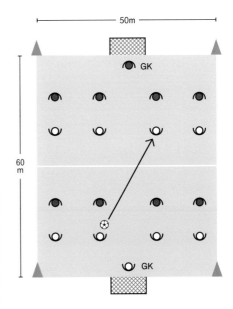

ゲーム

8対8＋GK

やり方 ▶

縦はハーフコート、横は60mくらいのグリッドで8対8＋GKを行う。よりプレッシャーがかかる設定にする場合、横はペナルティーエリア幅でもよい。

〈チェックポイント〉

● ゴールに意識が向いているか
● シュートコースをどのようにつくろうとしているか
● 自分が打つだけでなく、味方にも打たせられる動きができているか

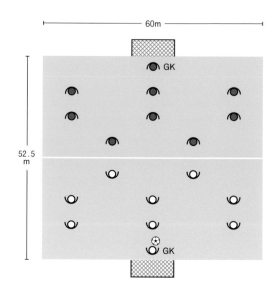

全体のポイント

相手が目の前にいても打てるように

プレッシャーがある（＝相手がいる）状態では、いかにシュートコースをつくるかが重要。多くの選手は、相手を抜いた状態できれいにシュートを打ちたがるが、相手が目の前にいても、ボールを少しずらしたり、相手を動かせば、コースをつくれる。あとはコースによって、どのような蹴り方と出力で仕留めるかを実践できるようにする。

第6章

守備

第1～5章では「攻撃」がテーマだったが、
本章では「守備」をテーマにしたメニューを紹介する。
複数の選手が連動しながら
「攻撃的に」ボールを奪うことを目指そう。

コンパクトな守備からボールを奪って攻撃へ

5秒間、5m

　前橋育英高校では、ボールを中心に連動する守備を実践しています。連動した守備のためには、1人がボールにアプローチしたら、周囲がそれに応じて動く。誰かがサボって、選手同士の間隔が空いているとそこを破られてしまうので、コンパクトな陣形を保つことを全員が共有しておく必要があります。

　そして、連動したプレッシャーから相手選手がコントロールミスなどをして後ろを向いたら、一気に奪いにいきます。前方からはもちろん、後方からもプレスバックして複数で奪いにいくのです（図1、2）。「ハント（狩り）」という表現を使っています。

　また、自分たちがボールを動かしていて奪われた瞬間も「ハント」に出ます。奪われたあとの「5秒間、5m」は、ボールに近い選手が全力で奪い返しにいくことを表したフレーズです。これは年によって変えることではなく、毎年掲げていることです。

　このように状況を見て複数で一気に奪いにいくためには、右サイドにボールがあるときは、中盤と最終ラインとも逆方向の左サイドを捨てて、同サイドの人数を増やすことが必要です（図3）。そうしないと、一気に複数でプレッシャーをかけることが難しくなります。ときには自分のマークを捨ててでも奪い

にいく意識が必要です。その点でも、「人」ではなく「ボール」が中心の守備なのです。

正しいポジションと距離感

　2023 年シーズンは、例年よりも守備に重きを置いたチームづくりを進めました。全員でコンパクトな守備を形成するためには、1人がはがされても次の選手がすぐにアプローチにいける距離感が重要になります。前後のコンパクトさはもちろん、左右のコンパクト

「守備」
に関する主なキーワード

①コンパクト、連動

図1、2 連動した守備からのハント

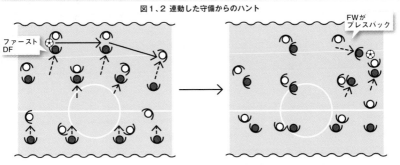

ファーストDFのアプローチに応じて周囲が連動する

相手が背中を見せたら複数で囲い込んで奪う

②逆サイドを捨て、同サイドを厚く

図3 サイドにボールがあるときの陣形

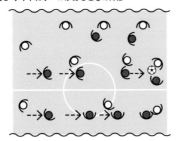

逆サイドは相手がいても捨て（マークをせず）、同サイドに寄せてコンパクトさを保つ

③競り合いの強度は「予測」から

よい予測がボールを奪う際のインテンシティーにつながる

さも追求しました。試合の映像を見返すときも、ワンシーンごとに止めて各自のポジショニングを細かく指摘しました。

　最終ライン4人のポジションの取り方、サイドチェンジされたときのスライドの対応は特に重要なテーマです。「ボールがここにあるときはこう、相手がここにいるときはこう」といった感じで、隣の味方との距離感などを徹底して共有しました。

　こういったポジショニングや選手同士の距離感は、2023年のチームに限らず、非常に重要な要素です。「3対3」や「4対4」といっ

たメニューは、テーマは変われど頻繁に行っていて、その際に守備側の3人目、4人目のポジションはどこに取るべきかということは課題としても出てきます。

　1人目がボールにチャレンジして、2人目がカバーに入る。その次の3人目くらいまではだいたい適切なポジションが取れるけれど、逆サイドに振られたときに絞る必要がある4人目、もっと人数が多い場合は5人目、6人目とボールから遠ざかるにつれて、ポジショニングの意識がどうしても低くなります。だいたいそういうところにボールが回り、守備

> 「逆サイドを捨て、同サイドの人数を増やす。
> ときには自分のマークを捨ててでも
> ボールを奪いにいくという意識が必要」

を破られてしまうことがあるので、修正への意識は常に必要です。

「予測」がボールへの強度に

　プレッシャーをかけてから「ハント」に行くとき、相手と競り合いながらボールを奪うインテンシティー（強度）も重要ですが、こ

ればかりはすぐに身につくものでもありません。その中で何が必要かというと、「予測」だと思っています。ボール保持者の状況によって、次はどこにパスが来るのか。逆サイドに振ってくるにしても「このあたりに来そうだ」と正しい予測ができれば、ボールに素早く寄せることができ、結果的に奪える可能性が高くなります。こうした「予測」が、ボールへの強度につながっていくのではないでしょうか。

　例えば、相手GKからのロングフィードを相手のセンターフォワードと味方のセンターバックがヘディングで競り合うとき、味方のセンターバックが無理な体勢で競りにいったのであれば、ボランチの選手は下がらないといけないでしょう。

　「つぶしがうまい」といわれるボランチがいますが、相手や味方の体の向きやボールの状況などをもとに次のプレーを予測する能力が長けているのです。こうした能力を日々の練習で磨いてほしいと思っていますし、もちろん予測だけでなく、フィジカル能力を鍛えることも怠っていません。

　全員が連動したよい守備をしてボールを奪うことで、よい攻撃に入ることができます。よい攻撃は、よい守備から――。攻撃的なサッカーを展開する上でも、積極的な守備は欠かせません。本章では、本校の守備においてカギとなる前方からの方向づけ、プレスバックとスライドをテーマにしたメニュー例を紹介します。

テーマ：
前線からの方向づけ

ウォーミングアップ
連続の2対1

目的

攻撃側のプレー方向を規制する

ボールにアプローチする守備者がファースト
DFとなり、ボール保持者のプレー方向を規
制しながら、他の守備者と連係を取ってボー
ルを奪う

やり方

P69で紹介したメニュー（テーマ：パスorド
リブルの判断）と同じグリッドで、ここでは守
備をテーマに行う。3つのエリアに1人ずつ守
備者が入り、前後の関係を生かして攻撃側（2
人）の突破をはばむ。攻撃側は一番奥のエリア
のライン突破を図る。

ポイント

相手に運ばせて前後で挟む

ボールにアプローチする守備者は、ボール保
持者のプレー方向を規制することが大きな目
的。ワンサイドを切って縦方向にボールを運
ばせ、後ろにいる守備者とはさんでボールを
奪うようにする（図、P145の写真）

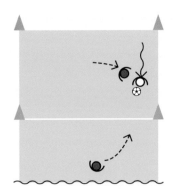

守備者の対応例　　ワンサイドを切り、縦方向に運ばせる

前の守備者（守備1）の対応に後ろにいる守備者（守備2）が反応して、2人ではさみにいく

トレーニング1

3対2＋1

目的

ファーストDFは「背中」を意識する

ウォーミングアップよりも人数とスペースが増えた中で、守備の方向づけを実践する。ファーストDFはボールにアプローチする際に、背後にいる味方を意識して前後の関係を築くようにする。

やり方

図のようなグリッドで、攻撃側は3人でボールを保持しながら中央のライン（あ）をドリブル突破し、Bゾーンにボールを運んだらミニゴールにシュートする。守備側も3人で、攻撃側からボールを奪う。ただし、後方の1人（X）はライン上でしか動けない。YとZがボールにアプローチする際にワンサイドを切って縦に運ばせて、Xと挟むようにする。
バリエーションとして、守備Xが自由に動いて「2ライン」を保って攻撃に対応できるようにしてもよい。

キーファクター
▶ ファーストDFのアプローチ（方向づけ）
▶ 前後の関係でボールを奪う
▶ サイドを変える展開（攻撃）

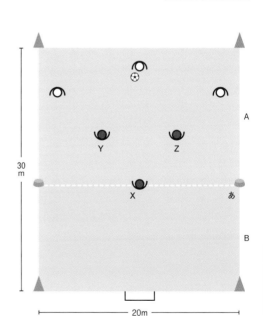

アプローチの際に入れ替わられないようにする

ファースト DF としてボールにアプローチする守備者は、間合いを詰めすぎて相手に入れ替わられるのが最もよくない。後方の味方も、ボール保持者が縦に来ることに備えてポジションを取っていて、逆サイドのスペースを突かれると突破されてしまうからだ。

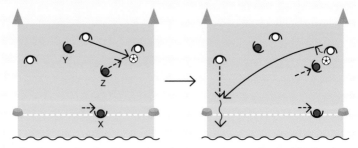

守備者Zが寄せすぎてボール保持者に入れ替わられ、逆サイドに展開された例

「主導権」は後ろの中央の選手

試合において、ファースト DF がどのようにボールにアプローチするかを指示するのは後方の中央の選手。ここでは X がその役割を担うので、コーチングしながら連係を図る。Y と Z は X の指示を聞きながら、X の位置などを意識してアプローチする。

攻撃側はサイドを変えて突破を

攻撃側は、方向づけされた中でもサイドを変えることで空いたスペースを突くことができれば、ライン突破の可能性が高まる。サイドからライン突破した場合はクロスからのシュートをイメージ（左図）。中央を破った場合はドリブルからのシュートをイメージする（右図）。

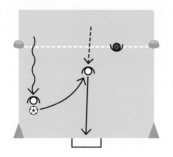

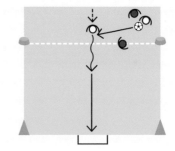

トレーニング2

8対8＋GK

目的

方向性を持った守備

グリッドの横幅を正規のフィールドに広げた中で、味方と連係を取りながら
方向づけを意識した守備を行う。

やり方

縦40m×横68mのグリッドで、互いに「4－4」の2ラインの布陣で8対8を行う（攻撃側にはGKが1人入る）。攻撃側はサイドに設置したコーンゲートの突破か、中央2つのミニゴールへのパスインを狙う。守備側は前線からの連動したプレッシャーでボールを奪い、ゴールを目指す。ボールがサイドのラインから出た場合は、GKからスタートする。

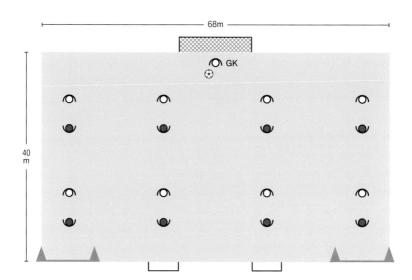

ポイント

正しい距離感とポジショニングで

守備側は「4－4」の2ラインで前列が方向づけを行い、後列が対応することになるが、前列で適切な距離感を取ることで、複数でボール保持者にプレッシャーをかけることも可能になる。後列の中央2人は背後のミニゴールにパスインさせないポジショニングを意識する。

ゲーム

11対11

やり方

横は通常のフィールド、縦はペナルティーエリア1つ分くらいを除いたグリッドで11対11を行う。

〈チェックポイント〉

- ●ファーストDFがしっかりと追い込めているか
- ●ファーストDFが追い込んだときのほかの選手の狙いはどうか
- ●後方の中央の選手が主導権を握ってコーチングできているか

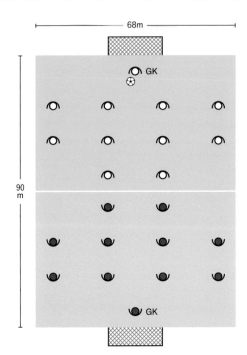

🎽 **全体のポイント**

まずは「追い込み方」の習得を

まずはファーストDFの追い込み方を徹底することが重要だ。ボール保持者に詰め過ぎて入れ替わられないように、片方のサイドを切りながら前に行かせて、後方の味方が奪いにいけるようにする。その上で、周囲の選手との距離感や狙いも共有したい。後方の選手からのコーチングによっても、意思の疎通や連係を高めることができる。

テーマ:

スライドとプレスバック

ウォーミングアップ①

5対2の鬼ごっこ

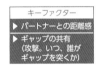
キーファクター
▶ パートナーとの距離感
▶ ギャップの共有
（攻撃。いつ、誰が
ギャップを突くか）

目的

味方との距離感を意識する

パートナーと連係して、相手に突破させない距離感を意識する。

やり方

4つの角にコーンを置いたグリッド内で5対2の鬼ごっこを行う。逃げる側の選手（黄）は、コーンを触っている間は鬼（黒）にタッチされても無効。2人の鬼の間を走り抜けたら1ポイント。

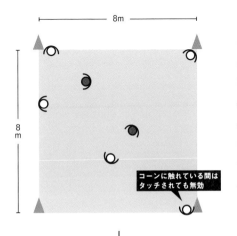

8m

8m

コーンに触れている間は
タッチされても無効

ポイント

鬼も狙いを持って仕掛ける

鬼の2人は、逃げる側の選手との距離を縮めているだけでは外を回り続けられ、広がり過ぎると間を狙われる。特に視野の背後にいる相手の確認が必要。「広がり過ぎずに連係して狙う」「わざと間を狙わせて捕まえる」など狙いを持つ。

アドバイス

逃げる側は鬼を動かす感覚で

逃げる側は2人の鬼の間を走り抜けなくても、「走り抜けそうな動き」を見せることで鬼にけん制をかけて、鬼に狙われた味方を助けることができる。「鬼を見て動く」のではなく「鬼を動かす」感覚を覚えることも重要。

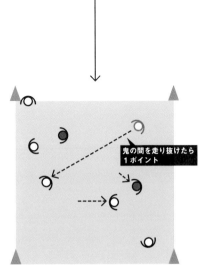

鬼の間を走り抜けたら
1ポイント

ウォーミングアップ②
5対2のボール回し

目的

駆け引きの中でボールを奪う

ボールを動かされている状況で「相手がよいパスを出せないタイミング」
をつくり、ボール奪取を仕掛ける。

やり方

ウォーミングアップ①の鬼ごっこと同じグ
リッドで5対2のパス回し。攻撃側が2人の
守備者の間にパスを通したら1ポイント。

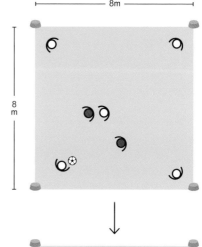

ポイント

能動的な守備を実践する

数的不利の守備者は、まず2人の間
を通させないことを意識する。やみ
くもにボールを追っても分が悪いの
で、攻撃側のパスの受け方、ファー
ストタッチの質から奪いにいけるタ
イミングを探る。ウォーミングアッ
プと同様、守備側も攻撃側に対して
「意図した方向にパスを出させる」
意識が必要。

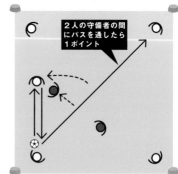

2人の守備者の間
にパスを通したら
1ポイント

アドバイス

攻撃側は「間」を通すための工夫を

ボール保持側は守備者の「外側」でパスを回す
だけでは意味がない。どこに出すかわからない
ボールの持ち方で守備者の動きを止めたり、ゆ

るいパスであえて相手を引きつけてから速いパ
スを出したりといった工夫をして、2人の間を
通すパスを狙う。

トレーニング1

4対4

目的

サイドチェンジへの素早い対応

守備側は連係を取り、まずはサイドを変えさせない対応を心がけ、
もし逆サイドに展開されたら、素早くスライドして対応する。

やり方

縦 15m × 横 20m のグリッドで、中央に2つのミニゴール、両端にコーンゲートを設置。グリッド内で4対4を行う。ボール保持チームは、ミニゴールへのパスインか、コーンゲートのドリブル通過を狙う。

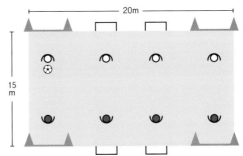

ポイント

「スライド」の意識を持つ

守備のテーマは「チャレンジ＆カバー」と「スライド」。ボールをサイドに追い込み、まずはサイドを変えさせないような距離と立ち位置でアプローチする。その中で、サイドを変えられたら、互いの距離感を保ちながらスライドして対応する。スライドの際、1人目がボールホルダーの前に立つことも重要だが、2人目も距離を空けずにカバーする。

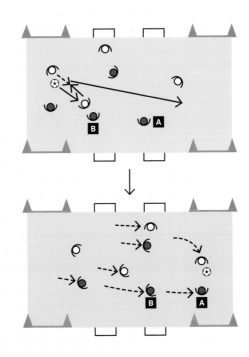

逆サイドに展開されたとき、Aがボール保持者の正面に入るとともに、Bも中央への突破を防ぐためスライドする

トレーニング2
6対6

目的
強度を高くして
ボールを奪う

前にいる2人が積極的にプレスバックをするなど、全体で高い強度のプレッシャーを保ってボール奪う。

やり方

グリッド内で6対6を行う。互いに「4－2」の布陣。ボールを保持するチームは、中央に2つあるミニゴールへのパスインか、両端のコーンゲートのドリブル通過を狙う。守備側もボールを奪ったら同様に攻撃する。

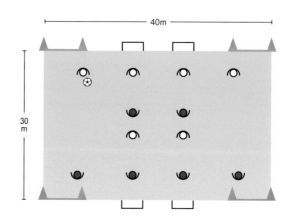

プレスバックの例

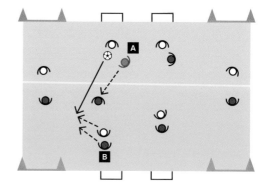

ポイント

連係の中で
プレスバックを

互いを「4－2」の布陣にすることで、守備はプレスバックが必要となる場面が多くなる。前の2人は自分の後ろにパスを出されたときでも対応し、味方と挟み込むような守備を心がける（下の図のAとB）。そのためにも、守備側は互いの距離感を把握しながら対応する。

アドバイス

攻撃側は守備側の特徴を把握する

攻撃側は、どこにボールがあれば複数のプレスを受けにくいか、どこにボールを運べば守備者間の距離が空きやすいかなど、相手の特徴を見ることを心がける。

ゲーム
8対8＋GK
（ハーフコートなど）

やり方

ハーフコートなどで8対8＋GK
を行う。

〈チェックポイント〉
● 守備側は正しいポジションをと
　れているか
● アプローチに行ったあと、適切
　な位置に戻れているか
● 縦パスを入れられたあと挟み込
　めているか

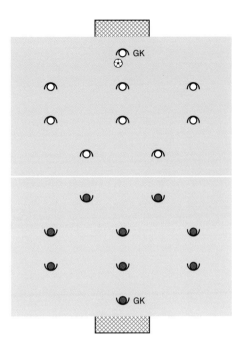

全体のポイント

正しいポジションを共有する

守備は正しいポジションが取れていないと失点
につながってしまうので、まずは正しいポジ
ションが取れるように促すことが重要。ボール
にアプローチしたあと、二度追いしたあとなど、
ケースに応じてチームで共有しておきたい。プ
レスバックは、パスを出された前方の選手が「自
分は関係ない」と反応しないケースもあるので
意識づけを行う。

自主練習の考え方と実践

自主練習について、JFL での
プレー経験もある湯浅英明コーチに、
自身の経験も交えてアドバイスしてもらった。

自己満足のための自主練習？

どのチームでも、チームトレーニング以外に自主練習の時間があると思います。私は、最近の子どもたちの自主練習は「自主練習をしたことに満足する時間」になりがちだと感じています。「試合中にそんな場面、ある？」と思うような練習を延々としている姿を多く見るからです。

何をしたいのかという目的があって、試行錯誤をすることが本来の自主練習でしょう。そのため、高校生がコーンドリブルをやっているのを見ると「それは体を温める程度でよくないか」と疑問に思います。もし、ドリブル突破の練習なのであれば、実戦的に相手を置いて、どの体の向きで、どの幅でボールを動かしたら相手がどう動くかを試しながら、抜ける方法を探し出すほうがはるかに効果的です。

何ができるようになりたいのか、そのためどういう工夫をするのか。チーム練習は多くの人数が同時に行うので、メニュー自体を個々に合わせることはできませんが、自主練習では、選手が自分で考えて練習することが可能です。

徹底的に工夫したキック

私が選手のときは、ただボールを蹴るのではなく、蹴り方を多彩にするための工夫をしていました（P156、157）。インステップキックと同じモーションで、ボールを蹴る場所を少し変えて、インカーブ、ストレート、アウトカーブを蹴れるような練習をしました。インカーブはインフロントが蹴りやすいのですが、股関節を開くので、コースが相手 GK に予測されてしまいます。それを防ぐため、ストレートに蹴るモーションから蹴り分ける練習をしました。

例えば、右サイドから蹴るとき、アウトカーブが使えれば、目の前の相手には、ゴールへのコースがないように見え、かつ、相手 GK にはゴールから遠ざかるように見えて、それでもゴールに向かうシュートが可能になります。

シュート練習は、どの位置で、どこから、どんなパスを受けて、どうやってシュートに持ち込むのかを徹底的にイメージして練習しました。練習に付き合ってくれる GK には「ここにボールを置いたら、どういうシュートが来ると思う？　どこに立つ？」と毎回聞いていました。そうすると、GK の心理がわかるようになり、このモーションからこっちに打たれたら嫌だろ

うなというアイディアが湧いてきました。シュート は、GK との駆け引きに勝てば、コースが少々甘くても決まるものです。

自分で考え、工夫する

選手が自分で考え続けたプレーは、試合の中で生かせるものになります。自主練習も、常に相手を意識しながら取り組みましょう。ただ惰性で何となく1時間練習するよりも、何をするかを決めて短時間でも長期間続けたほうが身になります。例えば、シュート練習なら、右足で15本、左足で15本。何本打って何本決まったのか、決まったときと決まらなかったときは、何が違うのか。こだわって考えて改善点を見つ

自分に何が必要かを考え、工夫したメニューこそ、自主練習にふさわしい

ける力を持たないと試合で使える技術にはなりません。

私が子どもの頃は、土のグラウンドだったので、シュート練習をすると軸足の跡が土に残りました。それを生かして、軸足をどこに踏み込んだら、どういうキックが可能なのかをチェックしながら練習していました。よいキックができたら足跡を残して、そこに軸足を踏み込んでキックを繰り返していたものです。

今の子どもたちは、練習できる場所があり、道具があります。さらには、情報もインターネットで簡単に入ってくるので、探せばどうにかなる部分が多く、考えるタイミングがない環境になりつつあります。漢字も自宅の電話番号でさえも、機械が覚えておいてくれる時代です。サッカーも調べればいろいろな方法は出てきますが、自分で考えた工夫が最も試合で生きると思います。

◇

選手に思考力を求めるとき、「逆算しよう」などとよく言いますが、「1＋1はいくつ?」と教えられてきた日本の子どもたちには、慣れない部分があるのかもしれません。やるべきことは「2になる計算式は?」の問いで、方法を考えさせることです。

サッカーは「得点を奪う、試合に勝つ」という導くべき答えが決まっています。その答えのために、何をどう使えばよいかを考えなければいけません。誰かがやっていた自主練習のメニューを真似したら、あるいはコーンドリブルを練習したら、試合でうまくいくのではないかという甘い想像力では、試合に生きません。試合で生かすための工夫を徹底的に考えられたメニューこそが、使える技術につながります。

取り組み例1

シュートの蹴り方

蹴り足のミートポイントやスイングによって、ボールの軌道が異なることを理解する。
GK のポジションや相手の位置などによってコースを蹴り分けられるようになろう。

インカーブ

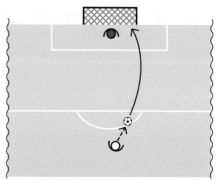

場面:
ゴールやや斜めの
位置からシュート

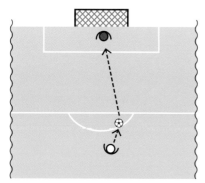

ペナルティーエリアの外から右足でシュートする

インフロントで
ミート

インフロントでこすり上げるようにシュートする。
軌道はインカーブを描く

同じようなスイングで蹴り分けられるように

実戦では相手GKにシュートコースを読まれないことも重要なので、これら3つの蹴り方をできるだけ同じようなバックスイングから実践できるのが理想だ。また、軸足（ここでは左足）を踏み込む位置によってもボールの質が変わるので、自分なりに特徴をつかんでおこう。

ストレート

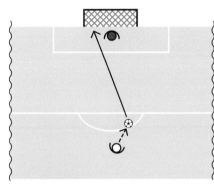

足の甲の中央部でミート

足の甲の中央部でミートする。軌道はストレート

アウトカーブ

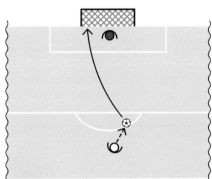

足の甲の外側でミート

足の甲の外側でミートする。
軌道はアウトカーブを描く

パスの蹴り方（1）

蹴り方を変えることで、味方が受けやすい（受けにくい）ボールになることを理解する。場面に応じたキックを選択しよう。

場面：右サイドバックからFWへのミドルパス

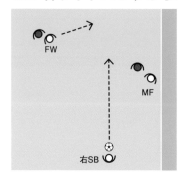

前方に味方のサイドハーフとFWがいて、サイドに流れるFWにパスを出す

①山なりの軌道→受け手に余裕を持たせたいとき

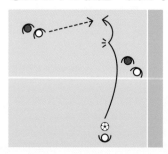

インフロントで高い軌道を描くボールを蹴り、2バウンド目で味方が受けられる長さで送ると、スピードも含めて味方がコントロールしやすい

②直線的な軌道→ピンポイントで合わせたいとき

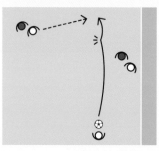

インステップキックによる低い弾道だと、点で合わせるケースでは非常に有効だが、受け手とのタイミングが合わないと通らない

スペースに送って受け手を走らせる

①は味方 FW がサイドに流れるのを見てから パスを出すケースだが、下の写真と右下の図の ように FW が動き出していないときにスペー スに送って受け手に走らせるパスも選択肢の1 つ。①よりも高い軌道で、スペースで合わせる イメージを持つ。

FWはまだ
動いていない

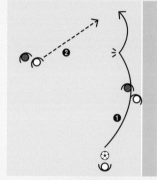

山なりの軌道を描く

直線的な軌道を描く

取り組み例3

パスの蹴り方（2）

場面：右サイドへのサイドチェンジのパス

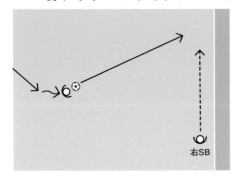

左サイドからパスを受けたボランチが、前に走り出している右サイドバックへパスを出す

①直線的な軌道

右サイドバックにピンポイントで合わせるようにする。実戦の多くのケースでは、このボールの質が求められる

②山なりの軌道

軌道が山なりのためパスが届くまで時間がかかってしまい、このケースには向いていない。相手守備に対応する時間を与えてしまう

40年にわたり輩出される「才能」

　前橋育英高校サッカー部からは、これまで多くのプロ選手が育っている。MF山口素弘（1984～86年度在籍）は、日本代表のワールドカップ初出場（98年）に貢献し、本大会では日本の全3試合に出場した。DF松田直樹（92～94年度在籍）は、96年アトランタ五輪で優勝候補のブラジルを破る金星に貢献。20年以上もプロ生活を続けたMF青木剛（98～2000年度在籍）や2024年でプロ20年目を迎えるMF細貝萌（02～04年度在籍）も日本代表経験者だ。

　OB選手の特長として、判断力と戦術眼に長け、巧みなパスで攻撃を組み立てる選手が多いことが挙げられる。中盤で攻守両面に関わる選手、複数のポジションをこなすなどプレー範囲が広い選手が多いことも共通点といえる。

　歴代の主力選手の多くは、山田耕介監督が島原商業高校時代につけていた「14番」を背負ってプレーした。伝統のエース番号として定着しており、高校サッカー界でも注目を集める存在となっている。

　また在学中、年代別日本代表に選出される選手も多く、23年もGK雨野颯真（3年）、DF山田佳（2年）が国際試合を経験した。数多くのOBがプロリーグや日本代表で、さらには現役選手が年代別日本代表で活躍することは、所属する選手たちの大きな刺激となっている。

　近年もMF坂元達裕（16～18年度在籍）やDF角田涼太朗（17～19年度在籍）らが日本代表に名を連ねた。山口素弘が在籍していた時代から40年近くが経つが、日本一を目指す日々の切磋琢磨から名選手を輩出するサイクルは、止まることなく稼働し続けている。

（文／平野貴也）

高校時代は中盤の中心選手として活躍した細貝萌。前橋育英高校出身者として初めて、ドイツのブンデスリーガ1部でプレーした　©BBM

目指す体は「ダンプカーではなく、スポーツカー」

パワーよりもシャープさを

「心」（気持ち）や「技」があっても、サッカーでは、丈夫で自在に動かせる「体」がなければ、ピッチ上でプレーを表現することはできません。体づくりも欠かせない要素です。本校では現在、火～金曜日は毎朝40分程度、女子サッカー部の選手も含めて200人くらいが体育館で、新井宏隆トレーナーの指導を受けています。ほかの選手はトレーニングルームで筋力強化を図り、いくつかのグループに分かれて、主に体幹強化か筋力強化のどちらかを行っています。

水曜日は、新井トレーナーに午後も対応してもらい、ウェイトトレーニングの指導などを受けています。選手それぞれに合ったメニューを組み、ヨーヨーテストなどで身体能力測定も定期的に行っています。ただ、見せ

トレーニングの取り組み例

「大会時期、疲労状況、週末の予定などで、トレーニングメニューは変更しながら行います。冬の時期は、基礎筋力や基礎体力を向上させることを主な目的としてフィジカルトレーニングを行います。インターハイや全国高校サッカー選手権大会などの大会直前の時期は、動作スピードをアップさせることを主な目的としてトレーニングを行います。

1年生は1年間を通して、基礎的な筋力の強化を行い、高校年代の強度に耐えうるケガをしないための体づくりをします。

また、トレーニングメニューは、大会の時期だけではなく、定期的に行っているフィジカル測定の数値を基に考案しています。フィジカル測定はスプリントやアジリティー、持久力テストなどを行い、そのときのチームのストロングポイントやウィークポイントを分析した上で、細かいトレーニングメニューを組んでいます」

（新井宏隆トレーナー）

朝のトレーニング（毎週火～金曜日）

各選手がトレーニングチューブなどを使いながら実施する。

体の関節の機能アップのためのトレーニング（10分程度）

- 足指の運動
- 肩甲帯、胸郭の機能アップトレーニング
- 股関節機能アップトレーニング

コアの機能アップのためのトレーニング（10分程度）

- プランク
  （うつ伏せの状態で肘から先とつま先で体を支え、その姿勢をキープする）
- サイドプランクなど腹圧を強化するためのトレーニング

筋力強化のためのトレーニング（10分程度）

- プッシュアップなどの上半身メニュー
- スクワットやジャンプトレーニングの下半身メニュー
- 片足バランス系のトレーニングメニュー

柔軟性アップのためのストレッチ（5分程度）

- パートナーとストレッチ

P10 の「技」に続き、「体」「心」について
山田耕介監督が指導で実践していることを聞いた。

かけの筋肉ばかりをつけてもサッカーには生きませんので、「ダンプカーではなく、スポーツカーのようにしてください」と伝えています。

高校サッカー界では、フィジカル的に非常によく鍛えられたチームもあります。強い接触があっても対抗しなければいけませんから、体づくりは必須です。

ただ、特に男子の場合は大学やプロに進んでから完成するものでもあります。卒業生の小泉佳穂や笠柳翼などは、高校の段階では少し細身でしたが、非常によく動ける選手でした。それが、年齢を重ねて力強さを増していくとシャープに動けて、なおかつパワーも出せる選手になっていきます。長期的な視野に立つことも忘れず、パワーよりもシャープに動けることに重きを置いてトレーニングを行っています。

朝のトレーニングの様子

毎週水曜日のフィジカルトレーニング

**動作の効率をアップさせるための
トレーニング（30〜40分）**

- ジャンプトレーニング系
- スプリント系
- ステップワーク系
- 持久系
（その年のウィークポイントによって頻度やメニューの割合を変化させる）

ウェイトトレーニング
（週1、2回／各回30〜60分）

- クイックリフトなどのパワー系種目
- フォワードランジ、スクワットなどの下半身系種目
- ベンチプレス、プッシュプレスなど上半身系種目

各能力の説明

- アジリティー：体をうまく操作する能力
  （車や自転車でいうハンドリングのうまさ）
- スプリント：体を動かすスピード
  （車でいうアクセルの強さ、自転車でいうペダルを漕ぐ強さ）
- 持久力：体を動かすスピードの維持
  （車でいうガソリンタンクの大きさや燃費のよさ、自転車でいうペダルを長く漕ぐ力）

試合で発揮できる力＝（技術＋身体能力）×人間力

成長のきっかけは本気

最後に、「心」の話をしましょう。心・技・体のうちで、これが一番大事だと考えています。私が監督になったばかりの頃は、言うことを聞かないやんちゃな子どもが多かったのですが、最近はおとなしい子が増えているように感じます。アドバイスを聞き入れられる素直さは大事ですが、自分で心に芯を持っていなければいけません。

例えば、先発で起用されない理由を説明されたとして、納得して頑張るということはもちろん必要ですが、「監督め、ふざけるなよ」というくらいの反骨心もなければいけません。何としても試合に出てみせるという本気の姿勢が必要です。

選手の育成には、指導者が導くよりも、まずは選手が自分の力で進む姿勢が必要です。私も島原商業高校時代には「（監督の）小嶺（忠敏）のバカヤロー」というくらいの気持ちで、評価を勝ち取りに行ったものです。

前橋育英高校の卒業生の松田直樹は、この点でも印象的な選手でした。ある試合で、私は「今日は、お前は使わない」と松田に言いましたが、彼は「オレを試合に出せ」と言わんばかりの顔で、私の目の前でウォーミングアップを続けました。本気の選手は、自分の意志で突破口を見つけ出すものです。

「本気を根気強く」

選手を本気にさせるのは、簡単ではありませんし、こうすればよいという正解もありません。ただ、本気の情熱を持って接しない限りは、伝わることはないと思っています。こればかりは理屈や理論ではなく、情熱次第だと思うようにしています。「次のゲームに絶対に勝つぞ」とどこまで本気で言えるか。それによって、選手の目が爛々と輝いてくることがあります。私たち指導者は、「選手を見ている」という意識を持っているものですが、

選手たちはこちらが思っている以上に、指導者のことを見ているものです。こちらが適当であれば、間違いなくすぐに気づかれてしまいます。

本気になることは、すべてを変えます。例えば、どうしても試合に勝ちたいと思ったり、活躍したいと思えば、自然と夜ふかしはやめておこう、食事をしっかりとろう、空いた時間で勉強もやっておかなければならない――と、サッカーに本気で取り組むための準備を日常生活でしっかりとやるようになっていきます。

私は「サッカーにマイナスになることはするな」とよく言っています。1つのことに懸けられる人間は、そんなに多くはいません。でも、それが一番カッコいいと思います。やっぱり、本気度が高いことが大事だと思います。だから、「本気を根気強く」と言っています。本気で臨んでも、なかなかうまくいかないもの。そのときに根気強く、もう一度、諦めずに挑戦していく。そういう選手になっていけるかどうか。それは、ピッチ上のトレーニングよりも、大事なことかもしれません。

「（技術＋身体能力）×人間力」

本気で取り組むことと同じくらいに大事なこととして、人間力を磨いていくことが挙げられます。選手にも、ピッチの中だけでなく、外でも素晴らしい人間性を身につけることが重要だと話しています。

選手がピッチで発揮できる力の計算式は「（技術＋身体能力）×人間力」です。どれだ

©T.Hirano

け技術や身体能力があっても、人間性がゼロであればゼロ、マイナスであればマイナスになります。

では、人間力とは何か。胆力、包容力、優しさ、思いやりの心、自立精神です。心の芯が強くて、難しいことでも挑戦し続けられること。他人に対して優しさや思いやりがあり、他者に一緒に行動したいと思われること。しかも自立していて、他人に頼らないこと。それが、人間力です。こうした人間力や、人の話を聞き入れる、学ぼうとする姿勢がある選手が、どんどんタフでたくましい選手へ成長していきます。

考え方がある選手は、絶対に成長します。以前、ある主軸だった選手は、心の芯がとにかく強い一方で、周囲への優しさや包容力に欠けていました。そこで、「仲間を見て、アイツはどんな奴だ？　何を考えている？　そこに気づいてあげなければいけないぞ」と伝えました。気づいて、考えて、実行する──。それが人生を築き上げていくものです。ピッチの中でも相手や味方の考えに自分で気づかないと、何が効果的なプレーなのか判断できません。彼はその課題に取り組みながら、どんどん素晴らしい選手に成長していきました。

ただ、時代は変わってきていて、指導者と選手のコミュニケーションの形も変わってきています。昔は、私も選手寮に住み込んで、なるべく一緒に生活をしていましたが、今は、月曜日から水曜日くらいです。でも、空き時間があれば選手を順に部屋に呼んで、1人20分くらいですが、1対1で話をするようにしています。

3年生の場合は卒業後の進路の相談もあるので優先しています。そのあとは、1年生を呼んで、チームに慣れたかどうかといった話をします。このような対話は、非常に重要だと考えています。グラウンドだけでは見えな

いことも多くあり、人間性の面で新たに気づくこともあります。

「これからよくなるんだよ」

指導者は学び続けなければならないとこれまでもお伝えしていますが、時代は大きく変化していて、その動きに対応する必要性は日に日に大きくなっています。

クラブハウスでヨーロッパ各国の試合を見ることもあります。マンチェスター・シティの（アーリング・）ハーランド選手のプレーを見て、怪物じゃないかと思いながら、こんな選手と戦える日本代表選手を育てていかなければいけないとも思うわけです。日本の高校生も海外志向が強まっていますし、近年は高校卒でヨーロッパに挑戦する選手も出てきています。

時代の変化に対応しながら、個の育成と、チームの強化を同時に行わなければなりません。個の育成は、特に簡単ではありません。めげるときも多くありました。伝えたいことがなかなか選手に伝わらない、伝わったと思っても行動に伴わない、結果が出ない。その中でも根気強くやり続けるしかありません。

選手に目標を聞けば、高円宮杯 JFA U-18サッカープレミアリーグで上位に入りたい、全国高校サッカー選手権大会やインターハイでチャンピオンを目指したいと言います。それなら、逆算して何が必要かを考えて練習していかなければいけませんし、チームとして高みを目指すからには、それなりの努力が必要です。

ただ、よいときも悪いときも、選手がサッカーを嫌いにならないようなやり方で指導したいと思っています。選手たちは、高校ですべてが終わるわけではありません。「いやいや、お前らは、これからよくなるんだよ」という気持ちで接するように心がけています。

Q&A

山田耕介監督の指導の考えやマネジメント術を紹介する。

Q 高校生を指導することの魅力とは？

A 人間的にも、プレーの面でもよい部分を見られること

高校生はまだ本当の意味での大人ではなく、心も体も「ジェントルマン」ではありません。誰しも欠点があります。ただ、正面から見ると「人の話を聞かないし、わがままだな」と思ったとしても、ちょっと角度を変えて斜めから見たり、後ろから見たりすると、「この選手は優しい心があるんだな」などと、いろいろな面が見えてくるのです。中には生意気な子もいますが、そういう子も意外としっかりしていたり、「明るいところがあるな、こんなところまで気づけるんだな」とか、さまざまな発見ができるのが面白いし、楽しいんです。

私は教師でもありますが、子どもたちのよい部分を見つけるという点では、教師もサッカー指導者も変わりません。サッカーでいうと、一発で相手をはがしたり、遠くまで見えていたりといった、選手のストロングポイントを見逃さない指導者になりたいと思っています。そういう眼力みたいなものがなくなると、指導者としてもうダメだと思っています。見る力が大事というの

は、選手もそうですが、指導者も同じです。1つひとつのプレーを見逃さないようにして、よいプレーがあったとしたら、「こういうプレーができていたよ」と伝えることが大事だと思います。

前橋育英高校にかつて皆川佑介という選手がいましたが、あるとき、相手DFを押さえながらロングボールを胸でトラップして、そのままスッと前に運びました。その瞬間は鳥肌が立ちました。「なんだよ、そんなことができるのか」と。試合中でしたがすぐに彼を呼んで、「それだ！」と伝えたものです。そういった、こちらが驚くようなプレーを見られるのもこの年代を指導する魅力だと感じています。

Q 卒業後の進路についてどう考えている？

A 現状を認識することを伝え、最終的には選手本人が決断している

今では高校卒業後にヨーロッパのクラブに行く選手も出ていますが、それは能力があって、精神的な強さも備わっている、本当に限られた選手です。本校の卒業生の中にも「ヨーロッパに行きます」と言って、ドイツの３部や４部のチームに入ったり、スペインに行ったりする選手もいますが、現実はなかなか厳しいようです。だから子どもたちには、「現状をちゃんと考えなさい」という話をよくします。

最近では、海外の大学に進んでサッカーをしながら英語を学ぶ選手もいます。その中の１人である長尾勇志（2016〜18年度在籍）はフロリダ国際大学（アメリカ）に進んでサッカーで活躍しています。奨学金を得て大学に進学できますし、４年間もアメリカにいれば英語も学べます。大学生になるので、当然、勉学が大変という部分はあるのですが、このようにサッカーをツールにして海外でプレーする選手が増えていることは間違いありません。

ただ、本校の場合は、卒業後に国内の大学に進学するケースが多いです。中にはプロからの誘いを断って大学に進学し、それからプロを目指す子もいます。現在、大学に通っているある選手もＪクラブの練習に参加し、実際にいくつかのクラブから獲得したいと言われたのですが、本人が大学進学を希望しました。

もちろん、プロからオファーがあった場合は必ず本人に伝え、練習に参加してから最終的に話し合うようにしていますが、ただ、「希望する大学に行けるなら、そこで頑張りたい」という子が多いのが現状です。

Q 部員が多い中でのチームマネジメントで気をつけていることは？

A スタッフ間のミーティングを重視している

　2023年シーズンでいえば、本校のサッカー部には167人の部員が在籍し、高円宮杯JFA U-18サッカープレミアリーグを戦うAチームから同プリンスリーグ、群馬県リーグを戦うチーム、そして1年生チームまで、6チームに分かれて活動しています。それだけの大所帯なので、1人の指導者が全員を見ることはできません。各チームに監督を置き、コーチを含めると10人以上のスタッフがいます。

　そこで、スタッフ同士の情報共有のために、毎日ミーティングを行っています。朝のトレーニングはフィジカルコーチに任せて、その間にスタッフで打ち合わせをするのです。「プレミアの試合はこうだった、県リーグはこんな感じだった」と、直近の

試合について報告したり、その日に行うトレーニングの内容を相談したりして、1日が始まります。時間は30分程度ですが、試合のこと以外でも「誰々がこんなことで悩んでいる」とか、いろいろな情報をスタッフで共有することができるので、とても重要な時間になっています。

　選手についていえば、22年にサッカー部の新しい寮が完成し、現在は100人以上の寮生がいます。いろいろな学校の寮を見させてもらい、それを参考にしてつくりました。私も月曜日から水曜日は寮に泊まって、選手たちと一緒に生活しています。その中で、選手と1対1の面談の時間をつくって、コミュニケーションを取るようにしています。

Q 今後、育成年代の指導者により求められることは？

A 一方的ではなく、コミュニケーションを取りながら指導すること

　時代とともにサッカーはどんどん進化しています。昔はこうやっていたから、という指導は通用しません。指導者は時代の流れを学ぶ必要があります。昔は監督から「これをやっておけ」と言われれば、それをや

るしかありませんでしたし、私も以前は選手に命令するようなことがありましたが、今ではそういう指導はしていません。選手たちとしっかり話をして、彼ら自身が「できた！」という喜びを感じるような、そう

Q 高校に来て大きく成長する選手に共通している要素は？

A サッカーが大好きということと負けず嫌い

高校やそれ以降でグンと伸びていく選手に共通するのは、みんなサッカーが大好きだということです。あとは、やっぱり負けず嫌いですね。

OBの中で特に思い出されるのは、小泉佳穂と坂元達裕です。彼らはJクラブのアカデミーから本校に来ました。入学当時、2人ともまだ声変わりもしていないくらい体が小さかったのですが、相手に吹き飛ばされても果敢に仕掛けていました。もともとテクニックはありましたし、何よりサッカーが大好きな子だったので、大学でさらに伸びて、プロになることができたんだと思います。

また、彼らと同級生の岡村大八は、本校ではまったく試合に出られなかったのです

が、それでも卒業後、大学で頑張り、今はJクラブで活躍しています。やはり岡村も負けず嫌いでした。

選手がいつ、突然伸びるかは予想できないものです。ただし、そのためには土台がしっかりしていないといけません。土台がフラフラしていると、一気に伸びることはないと思います。

私は選手たちに「ユース年代は根っこを張れ」と、いつも言っています。見た目だけ大きくて、きれいに見える花は、台風が来たらすぐに倒れてしまうものです。だから本校ではサッカー選手としての根っこを張るために、しっかりとボールを蹴れて運べること、そして状況判断をよくすることを重視して指導しているのです。

いう指導がこれからの時代には求められるでしょう。

ここ数年は週に2〜3回、ミーティングを行っています。日曜日に試合があると、月、火曜日に映像を編集して水曜日に振り返りのミーティングを行い、金曜日には次の試合に向けたミーティング。「相手のリスタートのところだけを集めた映像をつくったから、もう1回ミーティングをやろう」ということもあり、そういう感じで週に3回くらいやっています。

ミーティングでは映像を見せながら、「な

ぜこの判断をしたの？」と選手に聞いたり、「このプレーはすごかった」とほめることもあります。映像は説得力があるので、選手たちも自分ができていないことがわかる。そして「監督の考えているサッカーはこういうことなんだ」と理解し、何が必要とされているのかがわかるのです。

こうしたやりとりを通して、選手たちと信頼関係を築いていける面もあります。ピッチの外でも、コミュニケーションを取っていくことが、指導者にはさらに求められるのではないかと思います。

おわりに

サッカーには、「これをやれば、絶対に勝てる」という答えがありません。対戦相手がいて、自分たちの長所を消そうと対策を練ってきますし、そもそも自分たちの選手が100パーセント

のパフォーマンスを発揮できないケースもあります。うまくいくことよりも、いかないことのほうが圧倒的に多いです。

答えはないけれど、勝つためによりよい方法を探し求めていく。そのためには、日々の練習を地道にやっていくしかないでしょう。チームがめざす方向性、選手それぞれの技術と戦術のレベル、そして、対戦するチームの特徴を踏まえながら、コツコツ取り組むしかありません。

毎日の練習の中で、「今日はいい練習ができ